Collection Rolf Heyne

AXEL UND BIBIANA BEHRENDT

OBSTBRÄNDE

DER GUIDE
FÜR KENNER UND GENIESSER

Fotografiert von Armin Faber
und Thomas Pothmann

WILHELM HEYNE VERLAG
MÜNCHEN

Alle abgebildeten Flaschen wurden von Armin Faber und Thomas Pothmann fotografiert.
Von Armin Faber stammen zusätzlich die Fotos auf den Seiten 20, 21, 23, 27, 28, 29, 30, 31, 212, 213 und 216.

2. Auflage

Umschlaggestaltung: Christian Diener, Berlin
Umschlagfoto: Manuel Schnell, München
Satz: Kort Satz GmbH, München
Druck und Bindung: Presse Druck, Augsburg
Printed in Germany

ISBN 3-453-09755-6

Inhalt

Vorwort

»Schnaps ist Schnaps…« – kaum eine Redensart dürfte, wenn man ihren ursprünglichen, wortwörtlichen Sinn betrachtet, weniger zutreffend sein als diese. In längst vergangenen Zeiten mag vielleicht ein Körnchen Wahrheit darin gesteckt haben, als man irgendeinen Obstler bestellte, sich irgendeinen Schnaps zum Bier »hinter die Binde« kippte. Damals mag Otto Normalverbraucher der Schnaps schnuppe gewesen sein – jedenfalls in seinen Aromaeigenschaften, seinem individuellen Charakter. Hauptsache, er wärmte oder er half verdauen oder die Stimmung einer geselligen Runde zu heben.

Heute sieht die Sache anders aus – grundlegend anders, in jeder Hinsicht. In den letzten zehn, fünfzehn Jahren – auf den hohen Wogen, mit denen die »Feintrinker«-Welle das Meer der alkoholischen Getränke aufgewühlt hat – sind schnöde Schnäpse zu edlen Bränden gereift. Mit dem Allerweltsschnaps von anno dazumal haben die Nobeldestillate unserer Zeit nicht mehr allzu viel gemein. Was früher in der Kehle feurig brennen durfte oder gar sollte (man verwechselte gerne Kraft mit Kraftmeierei), präsentiert sich heute sanft und weich, geht leicht und leise 'runter, wie auf Samtpfötchen. Schnaps ist Schnaps? Von wegen!

Daß diese Redensart als vollkommen überholt gelten darf, hat viele Ursachen: Da ist zum einen das gewachsene Geschmacksbewußtsein der Genießer und ein veränderter Lebensstil, der Qualität über Quantität stellt – der Pro-Kopf-Verbrauch an Alkohol geht insgesamt von Jahr zu Jahr zurück (meist zu Lasten von Billigware), während der Absatz hochwertiger Weine und teurer Spirituosen kontinuierlich wächst. Verantwortlich hierfür ist nicht nur ein gestiegenes Gesundheitsbewußtsein oder der dringende Wunsch, den Führerschein zu behalten, sondern schlicht auch die Tatsache, daß mit und seit dem Wirtschaftswunder die Kaufkraft gewachsen ist – und mit ihr ein Kaufwille, bei dem weniger auf die Mark, und mehr auf Qualität und Image geschaut wird.

Für die Erzeuger bedeuteten diese Trends, daß es sich lohnte, für immer höhere Qualitäten Anstrengungen auf sich zu nehmen und zu investieren. Es kam nicht mehr nur Fallobst zur Resteverwer-

tung, sondern zunehmend bessere, sauberere Früchte, die mit immer höherem Aufwand und nach strengeren Auslesekriterien handverlesen wurden. Die Techniken bei der Behandlung der Maische wie auch bei der Destillation wurden verfeinert. Und neuerdings – wohl nicht zuletzt im Hinblick auf den Grappa-Boom – wird auch vermehrt Wert auf Ästhetik gelegt: in Form von Designerflaschen und -etiketten.
Wachsende Ansprüche bei Nachfragern wie Anbietern von Obstbränden gingen also Hand in Hand – begünstigt wohl auch durch den Umstand, daß die »weißen« Spirituosen den »braunen« in den letzten Jahren den Rang abgelaufen haben. Hinzu kommt die anscheinend unstillbare Neugier der Feintrinker auf bisher unbekannte Aromaerlebnisse: Die Angebotspalette vieler Erzeuger ist enorm gewachsen und enthält Brände aus Obstsorten, die früher am Baum oder Strauch hängengeblieben wären ...
Das Ergebnis ist eine breite Palette an höchst unterschiedlichen Bränden, wie sie in dieser Vielfalt keine andere Spirituosengattung zu bieten hat. Ein Rechenbeispiel anhand der in den letzten Jahren sehr erfolgreichen schottischen Malt Whiskys: Gut einhundert über ganz Schottland verstreute Destillerien stellen Brände her, die sie meist in zwei oder drei, manchmal auch bis zu sieben oder acht verschiedenen Qualitäten (Altersstufen oder Jahrgangsabfüllungen) auf den Markt bringen; alles in allem eine überschaubare Landschaft von ein paar hundert verschiedenen Destillaten.
Zum Vergleich die Obstbrände: In Deutschland gibt es rund 31 000 Kleinbrenner – sicher, die meisten ihrer Produkte spielen bestenfalls im lokalen oder regionalen Bereich eine Rolle, aber es gibt sie. Multipliziert mit der ganzen Sortenvielfalt – nicht wenige Brenner stellen zehn, zwanzig oder mehr Obstbrände her – läßt sich die ungeheure Bandbreite erahnen. Hinzu kommt, daß manches Destillat, und sei es versuchshalber, unterschiedlich ausgebaut wird oder zusätzlich als Jahrgangsbrand zur Verfügung steht. Unter dem Strich ergibt sich somit leicht eine sechsstellige Zahl unterschiedlicher Brände allein aus Deutschland! Mit den Destillaten auch nur der wichtigsten Erzeugerländer und -regionen dürften wir wohl ohne weiteres im siebenstelligen Bereich liegen ...
Eine immense Vielfalt, die von niemandem mehr zu überschauen ist. Sie macht es auf der einen Seite erforderlich, ein wenig Über-

sicht zu schaffen – zu sichten, zu werten, das Vorhandene auf das Wichtige, das Wesentliche zu konzentrieren. Auf der anderen Seite wird dieses Bestreben durch eben diese Vielfalt schon im Ansatz zunichte gemacht: Es ist schlicht unmöglich, der Menge an erstklassigen Bränden, die man ohne weiteres finden kann und die eine Aufnahme in diesen Guide verdient hätten, gerecht zu werden.

Wir haben uns also bemüht, eine zu bewältigende Vorauswahl zu treffen. Zum einen aus bekannten oder berühmten Erzeugern, die wir für unverzichtbar gehalten haben, zum anderen aus zum Teil wenig bekannten »Entdeckungen« – Klein- oder Kleinstbrennern, die uns in den letzten Jahren aufgefallen sind oder auf die uns befreundete Sommeliers und andere Kenner der Materie aufmerksam gemacht haben. Wir haben uns sodann bemüht, aus den Sortimenten dieser Erzeuger wichtige, den Stil des jeweiligen Hauses repräsentierende Sorten auszuwählen, ohne Ausgefallenes, manchmal Exotisches ganz zu vernachlässigen. Die Mischung, die sich aus diesem Bemühen ergeben hat, kann, so hoffen wir, zum kritischen Nachverkosten anregen – und zum Vergleich mit eigenen Entdeckungen, die uns nicht vergönnt waren. Wenn unsere kleine Sammlung »Lust auf mehr« macht, so hat sie ihren Sinn und Zweck erfüllt.

Obstbrände gestern: Geheimnisvolle Geschichte

Viele Obstbrennereien haben eine Geschichte, die über viele Generationen zurückreicht. Sie können oft eine Urkunde vorweisen, in der ihre Destille erstmalig erwähnt wird oder das genaue Gründungsdatum niedergelegt ist, nicht selten vor einem oder gar zwei Jahrhunderten. »Damals also hat alles angefangen«, könnte man sagen. Alles? Weit gefehlt. Hakt man nämlich etwas genauer nach, so stellt sich in aller Regel heraus, daß der Betrieb schon »irgendeine« Vorgeschichte gehabt haben muß – die Gründerväter haben ihr neues Gewerbe selten aus dem Nichts heraus begonnen. Sie hatten zuvor schon im Nebenerwerb oder »schwarz« gebrannt, sie und ihre Väter und Großväter und Urahnen... Aufzeichnungen gibt es natürlich keine mehr, bestenfalls Schätzungen, Vermutungen.

Es ist immer wieder das gleiche auf der Suche nach den Wurzeln der Spirituosenkultur. Man findet kaum mehr als einzelne Bruchstücke. Daten, Momentaufnahmen, die sich nicht zu einem geschlossenen Gesamtbild zusammensetzen lassen, das Rückschlüsse auf einen Ausgangsort oder Anfangszeitpunkt zulassen würde. Hat sich die Kunst der Destillation in einem Erdteil oder Land entwickelt und von dort aus über die Welt ausgebreitet? Oder wurde sie in mehreren Zivilisationen mehr oder weniger gleichzeitig »erfunden« und hat sich unabhängig, in mehrere Richtungen, mit all ihren technischen Unterschieden entwickelt? Ab wann war die Brenntechnik, wohl aus Zufallsergebnissen, so weit entwickelt, daß man von einigermaßen verträglichen Destillaten im neuzeitlichen Sinne sprechen kann? Hat das Destillieren von Alkohol zuerst auf der Basis von Obst, Getreide, Trauben oder Wein begonnen? Niemand weiß die Antwort. Und das ist auch kein Wunder.

Wer, wo und wie auch immer, das erste Mal ein mehr oder weniger hochprozentiges Destillat fabriziert haben mag – man kann sich gute Gründe vorstellen, weshalb er sein Wissen für sich behalten hat: Entweder, er hat selbst so viel von seinem guten Tropfen gekostet, daß er gar nicht mehr in der Lage war, sein »Know-how« weiterzugeben – diese Theorie stützt sich allerdings auf einen wohl vorübergehenden, lediglich verzögernden Umstand. Oder aber, und dies scheint logischer, der Ur-Erfinder des hochprozentigen Genusses war sich ob der fröhlichen Begeisterung seiner direkten Bezugs- und damit Testpersonen sofort darüber im klaren, daß er eine Goldgrube entdeckt hatte: Das neue Produkt verhieß Reichtum und Macht. Nichts lag näher als Stillschweigen oder ein Verbrämen als »Zauberei« – Monopolschutz.

Daß sich die Brennkunst dennoch weithin verbreiten konnte, möglicherweise in Windeseile, ist kein Widerspruch. Je größer ein Geheimnis, desto stärker der Drang dahinterzukommen. Familie, Freunde und Mitarbeiter wußten bald Bescheid, unter dem »Siegel der Verschwiegenheit«, versteht sich ... Beste Voraussetzungen also, etwas mit maximaler Geschwindigkeit in den hintersten Winkel zu tragen, auch ohne moderne Kommunikationsmittel. Vergessen sollte man hierbei nicht, daß sich auch die mittelalterlichen Klöster Verdienste um die europaweite Verbreitung der Brennkunst erworben haben. Sie unterhielten beispielsweise nicht nur Schulen, sondern auch Weinkellereien und Destillen, ursprünglich zur Medizinherstellung. Doch da sind wir wieder bei der Frage: Woher wußten es die Mönche?

Momentaufnahme in Öl: Schladerer-Vorfahr beim Brennen

Wer ganz tief gräbt, kommt irgendwann möglicherweise im vorchristlichen China heraus – eine gerne gewählte Theorie, schließlich sind die Chinesen ja bekannt dafür, außer dem Schwarzpulver noch alles mögliche erfunden zu haben. Wie auch die alten Griechen, denen ebenfalls die Erfindung der Brennerei nachgesagt wird. Andere sagen, von China aus sei die Brennkunst in den arabischen Raum gelangt oder dort selbst erfunden worden. Man habe Alkohol destilliert, um ebenfalls Medizin oder eine Basis unter anderem für Parfüm oder Kosmetika zu erhalten. Unter dem Namen »Al Khol«, aus dem später »Alkohol« werden sollte, sei das Wissen mit den Mauren über Spanien nach Europa gelangt, wo die besagten christlichen Mönche den Stab übernahmen...

Was es sonst noch an geschichtlichen Überlieferungen gibt: Etwa die Experimente, die Gelehrte an der Universität Salerno Anfang des 12. Jahrhunderts mit der Destillation von Wein durchführten. Die frühesten Hinweise auf so etwas wie Obstbrände finden sich im 17. Jahrhundert. Es scheint jedoch kaum glaubhaft, daß in dem halben Jahrtausend dazwischen niemand auf die Idee gekommen sein soll, Obst zu destillieren – schließlich gärt es, wenn es lange genug liegt, von ganz allein zu einem schwach alkoholischen Rohstoff; und die Technik der Destillation kannte man beispielsweise in Schottland mindestens seit dem 15. Jahrhundert, vermutlich früher...

Die genaue Forschungsarbeit soll den Historikern überlassen bleiben. Es ist müßig, hier einzelne Geschichtsdaten aufzulisten, die die Grundfrage nach dem wirklichen Ursprung nicht beantworten. Möglicherweise ist ja die Destillation von Obst älter als die von Wein – immerhin wird in unseren Breiten seit sechs Jahrtausenden Obstbau betrieben.

Wichtiger aber erscheint uns folgende Erkenntnis: Eine Geschichte, die durch Aufzeichnungen nicht mehr belegbar ist, die keinen Anfang und schon gar kein Ende hat, könnte ein Merkmal für ein Kulturgut unserer Zivilisation sein. Die Frage nach dem Ursprung der Obstbrände ist wie die Frage nach dem ersten Brot oder der ersten Butter – man kann sie nicht beantworten. Um so mehr sind Brot, Butter oder auch Obstbrände »schon immer« unverzichtbare Bestandteile unserer Eß- und Trinkkultur.

Obstbrände heute: Eine Definition

Destillate, wie sie in der langen Geschichte der Obstbrennerei hergestellt worden sein dürften, würden heute kaum mehr als Obstbrände durchgehen. Ihre Herstellung, Art und Beschaffenheit ist in allen Erzeugerländern durch Gesetze und Verordnungen geregelt, in Europa übergreifend auch durch EU-Recht.
Geregelt wird hier praktisch alles, beispielsweise der Mindestalkoholgehalt: In Europa liegt er generell bei 37,5 %vol, wobei die Mitgliedsländer für bestimmte Spezialitäten höhere Werte festlegen können – in Deutschland etwa für Obstler 38 %vol, bei vielen anderen, vor allem regionaltypischen Spezialitäten (Schwarzwälder Kirschwasser etc.) werden 40 %vol verlangt. Ebenfalls europaweit festgelegt – wenn auch in den EU-Staaten z.T. unterschiedlich gehandhabt – sind die Herstellungsverfahren bis hin zu Mindest- und Höchstwerten für Inhaltsstoffe aller Art, wie z.B. Methanol.
Es würde den Rahmen sprengen, an dieser Stelle den Paragraphendschungel lichten zu wollen, der ja auch eher den Hersteller als den Verbraucher betrifft und interessiert. Herausgreifen möchten wir daher nur die auch in der europäischen Spirituosenverordnung festgelegten Begriffsbestimmungen für Obstbrand-Gruppen, die man als Genießer kennen sollte. Eingeteilt werden sie in Kernobst-, Steinobst- und Beerenobstbrände sowie Obstgeiste. Mit dieser Aufteilung gehen Verkehrsbezeichnungen einher, deren Handhabung nicht ganz unkompliziert scheint.
Der Oberbegriff »Branntwein« für die Obstbrand-Gruppen ist heute nicht mehr zulässig – er bezieht sich nur noch auf Produkte, die aus Wein hergestellt wurden. Obstbrände müssen als »-brand« oder »-wasser« deklariert werden, wobei der Name der verwendeten Obstart vorangestellt wird. Wurden Maischen aus mehreren Obstarten destilliert, nennt sich das Produkt »Obstbrand«. Der »Obstler« soll künftig als »Brand aus Äpfeln und Birnen« firmieren, was sich zumindest im allgemeinen Sprachgebrauch nur schwer durchsetzen lassen dürfte.

Ein Obstbrand darf als »Obstgeist« bezeichnet werden, wenn er nicht nach dem Vergären der Maische, sondern nach Mazeration (»Auslaugen«) des Obstes mit Neutralalkohol destilliert wurde. Solche Destillate müssen allerdings nicht »Geiste« genannt werden, sondern dürfen auch als »Brand« oder »Wasser« durch die Begriffslandschaft geistern. Ähnlich inkonsequent ist die Handhabung des Begriffs »Wasser«: Er ist eigentlich den Steinobstbränden vorbehalten, darf aber praktisch auch für alle anderen Obstbrände verwendet werden.

Früchtekorb für Feintrinker

Frisches Obst besteht zu 80 bis 85 Prozent aus Wasser und aus einer ganzen Reihe von Inhaltsstoffen:

- Kohlenhydrate, darunter vor allem die Zuckerarten Glucose, Fructose und Saccharose, aus denen während der Gärung Alkohol und Gärgase entstehen;
- Fruchtsäuren (z. B. Zitronensäure, Apfelsäure), die vor Fehlgärungen schützen und den Geschmack des Brandes zum Guten wie zum Schlechten beeinflussen können;
- Proteine: der Gärung förderliche Aminosäuren und Enzyme;
- hinzu kommen phenolische Stoffe, Vitamine, Aroma- und Mineralstoffe.

Verzichten möchte man auf nichts davon, für die Herstellung von Bränden sind jedoch der Zucker- und Säuregehalt von größter Bedeutung. Diese Gehalte können stark variieren – von Sorte zu Sorte, aber auch je nach Standort, Klima, Wetter oder Jahrgang. Der Zuckergehalt beispielsweise von Süßkirschen kann zwischen 6 und 18 Prozent schwanken! Es ist leicht verständlich, daß Obst mit hohem Gehalt an Zucker, aus dem ja während der Gärung Alkohol entsteht, eine höhere Ausbeute erbringt – im genannten Beispiel würden sich je nach Zuckeranteil aus 100 Kilogramm Kirschen zwischen 4 und 9 Litern reinen Alkohols destillieren lassen, was schon einen beträchtlichen Unterschied ausmacht.
Der stark unterschiedliche Zuckergehalt ist aber nur ein Aspekt der Vielfalt von Obst, die letztlich auch die Vielfalt der Obstbrände ausmacht.

Äpfel

Allein in Deutschland gibt es 1500 Sorten, von denen für die Destillation vorwiegend zucker- und säurereiche Mostäpfel, etwa

Obst: Sorten für Brände, Geiste und Wässer

Gruppe	*Rohstoff*	*Produktbezeichnung*
Steinobstbrände	Aprikosen	Aprikosenwasser
	Kirschen	Kirschwasser
	Mirabellen	Mirabellenwasser
	Pfirsiche	Pfirsichwasser
	Pflaumen	Pflaumenwasser
	Zwetschgen	Zwetschgenwasser
Kernobstbrände	Äpfel	Apfelbrand
	Birnen	Birnenbrand
	Quitten	Quittenbrand
Beerenobstbrände	Brombeeren	Brombeerbrand
	Erdbeeren	Erdbeerbrand
	Heidelbeeren	Heidelbeerbrand
	Himbeeren	Himbeerbrand
	Johannisbeeren	Johannisbeerbrand
	Vogelbeeren	Vogelbeerbrand
Obstgeiste	Aprikosen	Aprikosengeist
	Brombeeren	Brombeergeist
	Erdbeeren	Erdbeergeist
	Heidelbeeren	Heidelbeergeist
	Himbeeren	Himbeergeist
	Johannisbeeren	Johannisbeergeist
	Pfirsiche	Pfirsichgeist
	Schlehen	Schlehengeist
	Vogelbeeren	Vogelbeergeist

ZUCKERGEHALT UND ALKOHOLAUSBEUTE DER WICHTIGSTEN OBSTARTEN (MITTELWERTE)

Obstart	*Zuckergehalt in Prozent*	*Alkoholausbeute (Liter reinen Alkohols aus 100 Kilogramm Rohstoff)*
Äpfel	10	5
Aprikosen	7	4
Birnen	9	5
Himbeeren	5–6	3
Holunderbeeren	5	3
Pfirsiche	8	5
Pflaumen	8	4–8
Quitten	6	3–4
Süßkirschen	11	6
Weintrauben	14	8
Zwetschgen	10	6

Golden Delicious oder Cox Orange, verwendet werden – und dies immer häufiger für sortenreine Apfelbrände.

Birnen

700 Sorten in Deutschland – Mostbirnen haben häufig einen hohen Phenolanteil und ergeben hochwertige Brände, insbesondere die Sorte Williams Christ.

Kirschen

Bevorzugt werden hier die kleinfruchtigen Sorten, die besonders zucker- und extraktreich sind; dies gilt zumal für Wildkirschen, die im Verhältnis zum Stein wenig Fruchtfleisch aufweisen und daher schwierig zu brennen sind.

Pflaumen und Zwetschgen

Zwei Ableger einer Familie: Pflaumen sind rund und weniger gehaltvoll als die länglichen Zwetschgen; darüber hinaus sind Pflaumen anfälliger für Verderb und können beim Maischen Probleme verursachen.

Beerenobst

Dieses Obst weist meist nur einen geringen Zuckergehalt auf (4–8 Prozent), läßt sich daher nur schwer vergären und wird überwiegend zu Obstgeist verarbeitet.

Daneben werden zahlreiche weitere Rohstoffe zum Brennen verwendet, von Quitten über Hagebutten oder Holunder bis hin zu Vogelbeeren. Sie alle bringen individuelle Inhaltsstoffe und Eigenschaften mit, die dem Brenner ein hohes Maß an Erfahrung und Können abverlangen – und dem Genießer eine nahezu unerschöpflich scheinende Aromawelt eröffnen.

Brennrechte

Bevor es an das Einmaischen und Destillieren des Obstes gehen kann, hat wieder der Gesetzgeber die Hand im Spiel – schließlich darf nicht jeder einfach munter drauflosbrennen, er benötigt eine Konzession. Dies ist in den klassischen Erzeugerländern im Detail unterschiedlich, im großen und ganzen jedoch ähnlich geregelt. In Deutschland unterscheidet man Abfindungsbrenner, Verschlußbrenner und Stoffbesitzer.
Hierzulande gibt es rund 31 000 Klein- und Obstbrenner, die sogenannten Abfindungsbrenner. Sie haben das Recht, in jedem Jahr bis zu 300 Liter reinen Alkohols zu destillieren, wobei die Brennblase maximal 150 Liter fassen darf. Sie dürfen in einzelnen Jahren auch mehr destillieren, um Schwankungen bei den geernteten Obstmengen auszugleichen – allerdings nicht mehr als 3000 Liter Alkohol in zehn Jahren. Den Großteil ihrer Produktion verkaufen die Kleinbrenner entweder an die Verschlußbrennereien oder, vor allem die weniger gut gelungenen Destillate, an den Staat, zur Herstellung von Monopolalkohol. »Abgefunden« werden von den Abfindungsbrennereien die Steuerbehörden – mit einem pauschalen Steuersatz pro Liter Alkohol.
Aus steuerlichen Gründen genau erfaßt wird die Produktion bei den wenigen, mehr oder weniger großen Verschlußbrennereien – ihre Produktions- und Lagerräume sind im wahrsten Sinne des Wortes verschlossen, die Brenngeräte mit verplombten Meßgeräten versehen. An den Augen des Zolls kommt hier kein Liter Alkohol unentdeckt und unversteuert vorbei.
Der Kreis schließt sich mit den sogenannten Stoffbesitzern. Denn nicht jeder hat ein Brennrecht, so mancher aber sehr wohl Obst. Stoffbesitzer, von denen es Hunderttausende gibt, dürfen bis zu 50 Liter reinen Alkohols pro Jahr bei Lohnbrennereien destillieren lassen und bezahlen dafür ebenfalls eine Pauschalsteuer.

Herstellung

Von der Frucht zur Maische

Das Einmaischen ist nach dem Pflücken des Obstes die erste, und manchmal auch die letzte Stufe der Obstbrandherstellung – nirgends kann so viel »schieflaufen«. Das Stadium der Gärung ist mithin vielleicht noch entscheidender für die Qualität des späteren Brandes als das der Destillation.

Erste Voraussetzung für ein erstklassiges Brenngut ist die optimale Beschaffenheit des Obstes: Es sollte viel Zucker enthalten, über ein kräftiges und sortentypisches Aroma verfügen und vor allem – es muß sauber und gesund sein, Schimmelstellen oder faule

Sauerkirsche

Holunder

Pflaume

Früchte können die Maische und damit den Brand verderben. Eine sorgfältige Auslese ist daher unabdingbar, wie auch das Entfernen von Stielen oder Blättern.
Das gesunde Obst wurde früher in Holzfässern eingemaischt, während heute Kunststoff- oder Edelstahlbehältern der Vorzug gegeben wird. Diese Materialien bieten den Vorzug, wesentlich leichter und gründlicher gereinigt werden zu können – nicht nur das Obst muß »sauber« sein (es wird vor dem Einmaischen meist gewaschen und dann zerkleinert), sondern selbstverständlich auch alle Gärbehälter, Schläuche und anderen Arbeitsmittel.
Ist das Obst im Faß, wird oft noch einiges hinzugegeben, zum Beispiel Reinzuchthefen. Zwar haften auch natürliche Hefen am Obst, deren Spontangärung kann jedoch zu unterschiedlichen Gärfehlern führen. Reinzuchthefen sorgen demgegenüber für eine kontrollierte, gleichmäßige Fermentation ohne Stockungen. Der Maische zugegeben werden können auch Säuren, Enzyme und

Äpfel

Johannisbeeren

Williams-Birnen

andere Hilfsmittel – all dies soll einem nicht den Appetit verderben, sondern lediglich für eine saubere Gärung sorgen. Schließlich wird der Gärbehälter geschlossen – die Hefe benötigt zur Vergärung von Zucker keinen Sauerstoff, ganz im Gegensatz zu Bakterien, deren Wachstum man aber vermeiden möchte.

Nach einiger Zeit ist ein Gluckern im Gärtank unüberhörbar: Die eigentliche, sogenannte »stürmische« Gärung hat begonnen. Mit der Geräuschkulisse einher gehen ein Ansteigen der Temperatur (meist auf 15–20 Grad Celsius) und ein verstärktes Entweichen von Gärgasen. Ist der größte Teil des Zuckers zu Alkohol vergoren, die Maische also durchgegoren, beruhigt es sich wieder im Faß. Der gesamte Vorgang der Gärung (bei dem das Obst flüssig wird und Steine bzw. Kerne auf den Behälterboden sinken) kann unterschiedlich lange dauern, liegt aber oft bei zwei bis drei, gelegentlich bei fünf oder sechs Wochen. Anschließend wird mittels Extraktbestimmung geprüft, ob die Gärung wirklich vollständig abgeschlossen ist oder nur gestockt hat.

Die fertig vergorene Maische, die nun einen Alkoholgehalt von etwa 7 %vol aufweist, kann im allgemeinen problemlos noch bis zu vier Wochen gelagert werden, bevor es ans Brennen geht.

Die Kunst der Destillation

Vom lateinischen Wort »destillare«, abtropfen, stammt der Begriff der Destillation – Geduld schwingt darin mit, die Vorstellung von langsamer, sorgfältig durchgeführter Arbeit, und genau die ist beim Brennen von Obstbränden auch erforderlich. Wie bei kaum einer anderen Spirituosengattung hängen Geschmacksvielfalt und Ausprägung des sortentypischen Fruchtaromas von der exakten Trennung des Mittellaufes oder Herzstücks von den geschmacklich minderwertigen, gesundheitsschädlichen Kopf- und Schwanzteilen (Vor- und Nachlauf) ab. Dabei kommt es auf Sekunden an – entscheidende Momente, für die die Benntechnologie mittlerweile hochmoderne Hilfsmittel zur Verfügung stellt.

Kaum einer der in den letzten Jahren bekannt gewordenen Brenner nutzt noch eine altehrwürdige Kupferbrennblase mit Direktbefeuerung zur Destillation. Zu leicht kann die Maische darin zu

Destillationsanlage von Ziegler

heiß werden und damit an Aroma verlieren, am Ende gar anbrennen und den gefürchteten, brenzlig riechenden »Gummiton« entwickeln. Dennoch muß kein Brenner auf die traditionelle Methode der zweimaligen Destillation im diskontinuierlich arbeitenden Alambic verzichten, bei der im ersten Arbeitsschritt ein Rohbrand mit einem Alkoholgehalt von 27 bis 30 Prozent entsteht, aus dem in einem zweiten Brennvorgang der Feinbrand wird, für den nur der Mittellauf mit 60 bis 72 Prozent Alkohol verwendet wird. Je langsamer der Übergang vom Vor- zum Mittel- und dann zum Nachlauf erfolgt, desto feiner und ausdrucksstärker das Destillat. Moderne Brennblasen verfügen daher über indirekte Maischeerhitzung durch Dampfeinleitung oder Einsatz von doppelten Kesselböden, deren Zwischenraum mit Wasser gefüllt ist und die das vergorene Obst schonend und indirekt erhitzen. Sie sind zudem aus Kupfer angefertigt, dessen hervorragendes Wärmeleitvermögen und Beständigkeit bei der Energieabgabe dem Obstdestillat am besten bekommt und dessen katalytische Eigenschaften als Aromaverbesserungspotential wissenschaftlich nachgewiesen sind. Auf der Brennblase lassen Brenner als Verstärker je nach Vorliebe den traditionellen Helm mit Verbindungsrohr zur Kühleinheit oder aber eine moderne High-Tech-Kolonne anbringen, die mit Einrichtungen zur Rektifikation und Dephlegmation ausgestattet sind. Während der klassische, »behütete« Alambic einen zweiten Destillationslauf zwingend erfordert, übernimmt bei der diskontinuierlichen Brennblase mit Kolonnenverstärker der Dephlegmator die Verstärkung der alkoholischen Dämpfe bis zur gewünschten Gradation, während der Rektifikator für die saubere, risikolose Abtrennung des Herzstücks sorgt. Der einfacheren und dazu durch das Einsparen eines zweiten Destillationsdurchgangs schnelleren Handhabung wegen verwenden immer mehr Brenner die diskontinuierliche Brennblase mit Kolonnenaufsatz.

Ruhen und Reifen

Bei der Lagerung sind technische Innovationen weniger interessant als im Brennraum, aber auch hier heißt es, Geduld zu haben.

Reifelager bei Gölles

Faßkeller bei Schladerer

Der noch rauhe, oft unharmonische Jungbrand soll durch die chemischen Prozesse während des Lagerns eine Milderung und verbesserte Aromabildung erfahren. Dies geschieht meist in Glas oder Edelstahl und kann bis zu sechs Monaten dauern. Der Prozeß wird beschleunigt, je mehr Kontakt mit Luftsauerstoff gegeben ist, etwa in Holzfässern und vor allem in solchen aus großporigem Holz.

Der Faßausbau ist nicht die klassische Lagermethode für Obstbrände, wird aber immer beliebter – manches Destillat ruht und reift über viele Jahre. Der natürliche Werkstoff Holz hat neben der schnelleren Reifung noch andere Auswirkungen auf das Destillat, positive, wie Farbe und zusätzliche Aromen, unter Umständen aber auch negative. Während der chemischen Struktur eines Apfel-, Zwetschgen- oder Traubenbrandes der Kontakt mit dem Holz bekommt, können die selben Komponenten beim Williams-Birnen-Brand oder Kirschwasser ein frühzeitiges Abfallen, gelegentlich sogar Ranzigwerden des Brandes bewirken. Diese Brände werden daher in nur teilweise gefüllten und nicht hermetisch abgeschlossenen Ballons aus Glas, emaillierten oder glasierten Tongefäßen oder im Edelstahltank harmonisiert, bis sie, wie die anderen Obstbrände auch, meist mit destilliertem, in jedem Falle aber kalzium- und magnesiumarmem Wasser auf Trinkstärke herabgesetzt werden und auf Flaschen gefüllt werden können.

Obstbrände international

Die Heimat der Obstbrände: Herkunftsländer und -regionen

Wo Obst angebaut wird, da wird auch Schnaps gebrannt – eine einfache Regel, die zumindest in den klimatisch gemäßigten Ländern Mitteleuropas zutrifft. Hier gehört das Brennen zur jahrhundertealten bäuerlichen Tradition, die zwischenzeitlich auszusterben schien. Je nach Land sahen sich die Brenner mehr oder minder gravierenden gesetzlichen Restriktionen ausgesetzt, wurden Gewohnheitsrechte zugunsten steuerlicher Mehreinnahmen des Fiskus beschränkt oder entfielen ganz. Auch die Herstellungsprozesse des »flüssigen Obstes« wurden von Land zu Land unterschiedlichen gesetzlichen Anforderungen unterworfen. Was in Baden strikt verboten ist, kann am anderen Rheinufer legal sein, was in Österreich gang und gäbe ist, kann in Deutschland die Behörden auf den Plan rufen. Trotz und wegen aller Unterschiede: Für den Genießer gibt es keine Grenzen, sondern nur regionale Spezialitäten, die es zu entdecken lohnt.

Deutschland

Etwa 31 000 Kleinbrenner sind in der Bundesrepublik Deutschland im Besitz eines Brennrechtes, das es ihnen erlaubt, bis zu 300 Liter reinen Alkohols im Jahr zu brennen. Die meisten sind entlang der Flußtäler von Rhein, Neckar, Main und Mosel ansässig, in Baden, Württemberg, Franken, Rheinland-Pfalz und im Saarland. Jahrzehntelang wurden die meist bäuerlichen Brände ganz oder überwiegend an die großen Markenhersteller verkauft, die daraus ihre namhaften Cuvées kreierten. Heute besinnen sich immer mehr Brenner auf die Möglichkeiten ihres häufig aus eigenen Gärten oder wilden Streuobstwiesen stammenden Obstes, nutzen die heutzutage immer besser zu kontrollierenden und zu beherrschenden Brenntechniken, bilden sich an den staat-

Obstbau im Kaiserstuhl/Baden

lichen Wein- und Obstbauschulen fort, erzeugen und vermarkten voll Stolz ihre eigenen erstklassigen Edelbrände. Die Hauptsorten sind Brände aus Williams, Kirsch, Apfel, Zwetschge und Mirabelle sowie Himbeergeist, daneben findet sich heute ein weites Spektrum zwischen Kulturobstsorten und Wildbeeren. Gerade in diesem Bereich sind die Chancen besonders gut, ausgesprochene Aroma-Entdeckungen zu machen.

FRANKREICH

Wer an französische Eaux-de-vie denkt, ortet meist unwillkürlich das Elsaß als Heimatregion der fruchtigen Obstbrände. Und tatsächlich stammen viele hervorragende Fruchtdestillate aus der klimatisch begünstigten Flußlandschaft am Fuße der Vogesen. Brände, die den britischen Weinpapst Hugh Johnson das Lied von »außergewöhnlichen Leistungen« anstimmen läßt – Qualitäten, die vor ihm schon Heinrich Heine gewürdigt hat, indem er schwärmte: »Gebt mir noch ein Glas von diesem elsässischen Kirsch, von diesem klaren Hügelwasser, das den Körper verrückt und die Seele froh macht ...«

Obstbau im Elsaß

Neben Kirsch gelten auch Zwetschgen, Mirabellen, Himbeeren und Birnen als elsässische Standardbrände. Es lohnt sich aber auch, die weniger bekannten Destillate dieser Landschaft zu probieren, aus den wilden Früchten und Beeren des Elsaß wie etwa Walderdbeeren, Mehlbeeren, Stechpalmen oder gar Tannenspitzen; weitere Raritäten sind bei einer Fahrt durch die hübschen Winzer- und Obstbauerndörfer zwischen Weißenburg im Norden und Mühlhausen im Süden des Elsaß unschwer zu finden. Das benachbarte Lothringen ist in erster Linie durch seine kleinen, perfekt zum Brennen geeigneten Mirabelles de Lorraine aus der Gegend um die Hauptstadt Nancy für Obstbrand-Liebhaber ein Begriff. Für ihre Williamsbirnen und deren Destillate werden dagegen das Loiretal und die Gascogne im Südwesten Frankreichs gerühmt.

SCHWEIZ

Individualisten seien die meisten Schweizer – das gilt jedenfalls für ihre Obstbrände nicht uneingeschränkt. Eine von regionalen und persönlichen Vorlieben und Traditionen geprägte Brenn-

Williamsernte im Wallis

kunst wie etwa in Österreich findet sich hier kaum – statt dessen eine hochstehende Schnapskultur, die sich auf bewährte Materialien wie die berühmten kleinen Brennkirschen der Innerschweiz oder die Williams-Birnen aus dem Wallis stützen kann und daraus makellose Destillate mit klassischem Profil erzeugt, die bei aller Eigenständigkeit in ihrer Gesamtheit dem Begriff des Schweizer Qualitätsbrandes zu Weltgeltung verholfen haben. Dabei sollte die Schweiz nicht auf ihre Kirschwässerli und Williams reduziert werden: Aromatisch Duftendes entsteht hier auch aus Aprikosen, Quitten, Äpfeln und vor allem Pflaumen und Zwetschgen.

Österreich

Wird die Szene der Schweiz vor allem von den großen Verschlußbrennereien beherrscht, ist Österreichs Schnapslandschaft ein Flickenteppich mit der ganzen Farbenpracht dieses zwischen dem fruchtbaren Bodensee und der heißen Tiefebene Pannoniens hingestreckten Alpenlands. Der Habsburger Kaiserin Maria Theresia und ihren gleichfalls destillierfreundlichen Nachfolgern in der republikanischen Hofburg ist es zu danken, daß in Österreich Brennrechte zwar an gewisse Bedingungen geknüpft, jedoch problemlos zu bekommen sind. Zudem haben der natürliche Reich-

Apfelernte in der Steiermark

tum des Landes und seine lange kulinarische Tradition ein extrem vielschichtiges Angebot an Bränden hervorgebracht. Gerade in den letzten Jahren haben immer qualitätsbewußtere Brenner unter Nutzung der neuesten technischen Möglichkeiten immer gezielter Spitzendestillate zu erzeugen gesucht, die Österreich zu einem Mekka der Feintrinker werden ließen. Beispiele für die überraschende Vielfalt sind Brände aus Äpfeln unterschiedlichster Sorten, aus Birnen, Kornellkirschen, Brombeeren, Erdbeeren, Hagebutten, Heidelbeeren, Himbeeren, Holunder, Kirschen, Wildpflaumen, Marillen, Mirabellen, Mispeln, Pfirsichen, Quitten, Ringlotten, Schwarzen und Roten Johannisbeeren, Schlehdorn, Stachelbeeren, Vogelbeeren, Weichselkirschen, Trauben oder Zwetschken (so werden sie hier buchstabiert), um nur die bekanntesten Sorten zu nennen.

ITALIEN

Das Land am Stiefel ist eher als Grappa- denn als Obstbrand-Hochburg bekannt. Zu unrecht. Engagierte Destillateure von Südtirol bis Sizilien brennen fruchtige Brände, die sich neben der

Diva Grappa nicht auf dem Digestifwagen verstecken müssen und sich an der international so erfolgreichen Flaschen-Ästhetik orientieren. Seit zehn Jahren erlaubt das an sich restriktive italienische Brennrecht zudem die Destillation von Bränden aus der ganzen Weintraube – fruchtbetontere Schwestern der Trester-Grappa, ideal für einen Schnupperkurs in beide Richtungen. Von den Landschaften der Apennin-Halbinsel ist vor allem der Norden, und hier speziell Südtirol, eine für Entdeckungsreisende in Sachen Schnapskultur wie geschaffene Region. Wachsen doch hier die Williams-Birnen, die als Frischobst oder durch Maischeexport so manchem deutschen oder österreichischen Edelprodukt erst den »typischen« Geschmack und Ausdruck geben. Neben Birnen gehören Kirsch- und Himbeerbrände zu den klassischen Sorten dieses europäischen Shooting-Stars in Sachen Obstbrände.

Apfelernte in Südtirol

Benutzungshinweise

Im folgenden »A bis Z der Marken« finden Sie nahezu 100 Erzeuger aus den klassischen Herkunftsländern Deutschland, Frankreich, Italien, Österreich und der Schweiz – dazu je einen Hersteller aus Ungarn, das ebenfalls eine lange Brenntradition hat, und aus der »Neuen Welt«, wo (vor allem in Kalifornien) Obstbrand-Traditionen gerade im Entstehen sind. Die Marken sind der Übersichtlichkeit halber alphabetisch nach dem Namen des Herstellers bzw. der Destillerie geordnet – wo beide Namen bekannt oder geläufig sind, hilft auf der Suche das Register mit entsprechenden Querverweisen.

Wir haben etwa 200 Brände ausgewählt und verkostet. Darunter finden sich schwerpunktmäßig gängige Sorten wie Williams oder Kirsch, aber auch seltenes Obst oder Randerscheinungen wie etwa ein Brand aus Pfeffer oder Café Arabica. Dies sind selbstverständlich keine Obstbrände; wir haben sie hier dennoch vorgestellt, da der Erzeuger (Metté) von Haus aus zwar Obstbrenner ist, sich jedoch gerade auch mit seinen exotischen Bränden Weltruhm erworben hat.

Eine Spirituose, die möglicherweise von manchem Leser vermißt wird, ist Calvados – er stellt quasi eine eigene Gattung dar und keinen Obstbrand im engeren Sinne, da er zwar aus Äpfeln hergestellt wird, jedoch nicht durch direkte Destillation, sondern durch Destillieren des Zwischenprodukts Cidre (Apfelwein). Aus demselben Grund sind Weinbrände ebenfalls keine Obstbrände – sie werden aus Wein destilliert, im Gegensatz zu Traubenbränden, von denen wir einige, zum Vergleich mit klassischen Obstbränden, vorstellen.

Bei jedem Erzeuger finden Sie in einem Kasten folgende Informationen auf einen Blick:

- *Jahresproduktion*
  Die jährliche Produktionsmenge gibt eine Vorstellung von der Größenordnung des Erzeugers; die Angabe »300 Liter« bezieht sich im Unterschied zu anderen konkreten Mengen-

angaben in der Regel auf ein »300-Liter-Brennrecht«, also maximal 300 Liter reinen Alkohols; die Menge auf Trinkstärke herabgesetzter Brände liegt je nach Alkoholgehalt entsprechend darüber und schwankt in der Praxis oft von Jahr zu Jahr.

○ *Anzahl der Brände*
Die Anzahl der Brände bezeichnet die Bandbreite des Sortimens an Obstbränden; unter »Weitere empfehlenswerte Brände« können andere Destillate wie etwa Wein- oder Tresterbrände angegeben sein.

○ *Jahrgangsbrände*
Ob der Erzeuger auch Jahrgangsbrände herstellt, ist keine Frage der Qualität, sondern der Betriebsphilosophie.

○ *Preisniveau*
Das Preisniveau ist in Symbolen angedeutet:

☆ = sehr preisgünstig
☆☆ = preisgünstig
☆☆☆ = gehobener Preis
☆☆☆☆ = obere Preiskategorie

Hiermit sind lediglich Preisstufen grob angedeutet, kein Preis-Leistungs-Verhältnis; Brände von Erzeugern der oberen Preiskategorie können also durchaus preis-werter sein als weniger kostspielige Brände – dies wird im Einzelfall jeder anders beurteilen.

○ *Bezug*
Abschließend Angaben zu Bezugsmöglichkeiten. Wir empfehlen, in jedem Fall beim Hersteller oder Importeur zu erfragen, ob der gesuchte Brand in einer Fachhandlung in Ihrer Nähe erhältlich ist; der Bezug auf dem Versandweg kann manchmal umständlich oder an Mindestabnahmemengen gebunden sein.

Zu den vorgestellten Obstbränden finden Sie zwar keine Bewertungen (wir glauben, alle vorgestellten Brände sind von so hoher Qualität, daß jeder Leser am besten selbst »seine« Favoriten auswählt), statt dessen aber kurze Verkostungsnotizen. Diese Beschreibungen erheben keinen Anspruch auf Vollständigkeit, was im Hinblick auf die Komplexität vieler Obstbrände auch gar nicht möglich wäre. Sie sollen vielmehr lediglich den Grundcharakter des jeweiligen Brandes skizzieren – so, wie wir ihn subjektiv empfunden haben. Falls Sie andere, zusätzliche Nuancen aufspüren – um so besser. Bei Ihren Entdeckungen und neuen Erfahrungen wünschen wir Ihnen viel Vergnügen …

A BIS Z DER MARKEN

ABELE

Kleinbrennerei Gertrud Abele
Oberer Mattenweg 8
D-77652 Offenburg/Baden

Kleines Familienobstgut in der Ortenau, das über Kleinbrennrechte von 300 Litern im Jahr verfügt. Im Jahr 1966 begannen Willi und Gertrud Abele mit dem Verwerten ihrer nicht angemessen vermarktbaren Obsternte und haben seither für ihre Destillate regelmäßig Auszeichnungen bei regionalen und überregionalen Vergleichsproben »geerntet«. Kein Wunder, denn die eigentlich bäuerliche Herkunft ist den eleganten und ausgewogenen Bränden aus Schwarzwälder Obst nicht anzumerken. Der gute Grund: Gertrud Abele – und seit dem Tod des Vaters auch Sohn Ulrich mit Familie – machen sich mit ihren Destillaten eine Mühe, die in einer großen Brennerei so gar nicht denkbar wäre. Die fürs Brennen vorgesehenen Früchte, durchschnittlich etwa 8000 Kilogramm im Jahr, reifen überdurchschnittlich lange am Baum und werden vor dem Einmaischen sorgfältig handverlesen und von allen Faulstellen befreit – so ist sichergestellt, daß größtmögliche Aromafülle ohne Duftfehler das Destillat auszeichnet. Die Destillation erfolgt doppelt in der eigenen, diskontinuierlich arbeitenden Brennblase.

Jahresproduktion:	300 Liter
Anzahl der Brände:	7
Jahrgangsbrände:	ja
Preisniveau:	☆
Bezug:	Direktverkauf/-versand

ECHTES SCHWARZWÄLDER KIRSCHWASSER 1993

Aus kleinen schwarzen Brennkirschen der Sorten Offenburger Schüttler und Dolleseppler rein Schwarzwälder Herkunft, doppelt destilliert und im Glas harmonisiert (45 %vol, 70 cl).

Sehr reifer, dunkler Duft mit leichten Bitternoten, am Gaumen satte, dabei kernige Frucht, lang!

WILLIAMS CHRIST BIRNENBRAND

Sortenreiner Brand aus Williamsbirnen, 1994 einziges Destillat mit der Höchstpunktzahl bei der anerkannten Blindverkostung des Obstbrennerverbandes (42 %vol, 70 cl).

Betörendes Obstdestillat: Im Duft reife Frucht, die sich im Geschmack weiterentwickelt und zum Abgang hin noch an Charakter und Eigenständigkeit gewinnt. Schön!

Weitere empfehlenswerte Brände:

MIRABELLENBRAND
ZWETSCHGENWASSER
OBSTBRAND
PFLÜMLI
TOPINAMBUR

BERTAGNOLLI

Premiata Distilleria G. Bertagnolli
Via Conte Carlo Martini 40 – 42
I-38016 Mezzocorona, Trentino

Der Bozener Kaufmann Edoardo Bertagnolli gründete 1870 mit dem Kapital seiner Frau, der österreichischen Erbin Julia von Kreutzenberg, die Destillerie – nach nur zwei Jahren wurde sie bereits für ihre Produktqualität mit einer Goldmedaille ausgezeichnet und zum Hoflieferanten des Kaisers in Wien ernannt. Ehrungen, denen bis auf den heutigen Tag zahllose weitere folgten. Heute leiten Beppe und Livia Bertagnolli die immer noch im Familienbesitz befindliche Brennerei und halten an den alten Trentiner Traditionen fest: Destilliert wird diskontinuierlich im Wasserbad. Selbst der alte, von Generationen gepflegte Alambic, den einst Julia von Kreutzenberg bezahlte, wird noch genutzt.

ACQUAVITE DI MELE COTOGNE

Trentiner Pfirsichbrand aus der Serie »L' Alambicco de Giulia de Kreutzenberg«, ohne Stiele, Kerne und Schalen eingemaischt, im kleinen Kupferbrennkessel im Wasserbad destilliert.

Ausdrucksstarkes Destillat mit runder Frucht, die sich am Gaumen intensiviert und an Kernigkeit gewinnt.

Jahresproduktion:	180 000 Liter
Anzahl der Brände:	8
Jahrgangsbrände:	ja
Preisniveau:	☆☆☆
Bezug:	Direktverkauf; Importeur (D): Macha

BEYER

Weingut Léon Beyer
2, Rue de la Première-Armée
F-68240 Eguisheim, Alsace

Weinnasen ist der Name des Eguisheimer Winzers und Bürgermeisters Léon Beyer schon lange ein Begriff: Seine Erzeugnisse finden sich in den Kellern der internationalen Spitzengastronomie ebenso wie auf den Prämierungslisten internationaler Wettbewerbe, und sein unermüdliches Eintreten für den Elsässer Wein hat diesem erst die Weltgeltung verliehen, die er heute nicht nur bei frankophilen Genießern hat. Die feinen Obstdestillate des seit vierhundert Jahren im Familienbesitz befindlichen Weinguts stehen gleichfalls in klassischer Elsässer Tradition und sind für Léon und seinen Sohn und Mitstreiter Marc unverzichtbare Ergänzung der Weinpalette.

Léon Beyer und Sohn Marc

Jahresproduktion:	k. A.
Anzahl der Brände:	8
Jahrgangsbrände:	nein
Preisniveau:	☆☆
Bezug:	Direktverkauf; Importeur (D): Frankhof

EAU-DE-VIE-FRAMBOISE

Aus vergorenen und anschließend in Weingeist eingelegten Himbeeren destilliert, auch in eleganter Glasfruchtflasche erhältlich (45 %vol, 70 cl).
Sanftes, leichtes Destillat mit einem Hauch Cremigkeit und klarer Struktur, enorme Kraftentwicklung auf der Zunge, mit viel Fruchtsüße und reifem, von Himbeeren deutlich geprägtem Schluß.

EAU-DE-VIE DE MIRABELLE

(45 %vol, 70 cl)
Sehr eleganter Brand mit zurückhaltendem, dabei versammeltem Aroma, langsame, aber beständige Entwicklung zu ausdrucksstarkem, dabei frischem Charakter mit leicht mineralischen Nuancen, zum Schluß hin an Süße und Volumen gewinnend.

Weitere empfehlenswerte Brände:

EAU-DE-VIE POIRE WILLIAMS
KIRSCH
QUETSCH
VIEILLE PRUNE
PRUNELLE (SCHLEHE)
ALISIER (MAULBEERE)

BON PÈRE

Bon Père Germanier Balavaud SA
CH-1963 Vétroz, Valais

Die Welt der Feintrinker verdankt der Schweizer Familie Germanier eine der dekorativsten und umstrittensten Ideen: Williamsbrand mit in der Flasche gewachsener Birne. 1943 kaprizierte sich Francis – Sohn des Firmengründers Urbain Germanier, der seit 1896 im Schweizer Kanton Wallis Obstdestillate herstellte – auf einen sortenreinen Brand nur aus Williams du Valais. Auf der Suche nach einer originellen Ausstattung brachte er nach mehreren Anläufen ein bis dato unbekanntes Verfahren zur Serienreife: Williamsbirnen, die am Baum in die Flasche wuchsen.
Im Gegensatz zu zahlreichen Billigheimern, die einfach in zuvor aufgeschnittenen Flaschen Birnen einlegen und den Boden wieder ankleben, verlangt das hier praktizierte Verfahren ein geschultes Auge schon im Obstgarten: Die erfahrenen Mitarbeiter erkennen den späteren Erfolg bereits im Frühling am Blütenansatz. Allerdings: Hier wie bei der Destillation ist die Ausbeute im Verhältnis zum betriebenen Aufwand gering – was die Germaniers nicht von ihrem heutzutage auch bei der Konkurrenz beliebten Gag abgebracht hat. Ihre starke Marktstellung verdankt die Familie ihrer Spezialisierung auf die Herstellung von Williamsbirnenbrand und der dafür nötig gewordenen Modifikation der traditionellen doppelten Brennmethode.

Jahresproduktion:	14 000 Liter
Anzahl der Brände:	6
Jahrgangsbrände:	nein
Preisniveau:	☆☆
Bezug:	Importeur (D): Pet Weinbeck

Francis Germanier

Bon Père William

Sortenreiner Birnenbrand aus Williams-Christ-Birnen der Walliser Talebene am Ufer der oberen Rhone, doppelt destilliert (40 %vol, 70 cl).

Ein freundlicher Brand: vollreife Fruchtnase mit einem kräftigen Hauch gebrannter Mandeln, konsequente Entwicklung hin zum süßer werdenden Abgang.

BRUNELLO

Fratelli Brunello
Via G. Roi 27
I-36047 Monte Galda

»Seriosität und Ernsthaftigkeit«, auf diese Tugenden sind die Brunellos seit Gründung der Destillerie im Jahr 1840, vor über 150 Jahren, stolz – ihrer wechselhaften Geschichte voller familiärer Rückschläge haben sie die bedingungslose Erzeugung von Qualitätsdestillaten entgegengesetzt.
Seniorchefin Maria Brunello schwört auf die althergebrachten Destillationsmethoden. Moderne Ausstattung in Form eleganter Flaschen tut in ihren Augen den Erzeugnissen keinen Abbruch – im Gegenteil.

DISTILLATO DI CILIEGE »BARUCCABÀ« 1991

Jahrgangsdestillat aus Kirschen, doppelt in der kupfernen Dampf-Destillationsanlage gebrannt, in einer Auflage von 600 Flaschen zu einem Viertelliter abgefüllt (42 %vol, 25 cl).
Unsere Probe Nr. 61: Eigenwilliges Destillat mit überraschenden Duftkomponenten – Blütendüfte, Backwerk (Hefe, Mehl, Rosinen), Weihrauch, Tabak . . . ; der Körper von buttriger Rundheit, dabei fest, mit tiefem, kernigem Ton und cremigem, bitterschokoladigem, von Orangennoten geprägtem Schluß.

Jahresproduktion:	k. A.
Anzahl der Brände:	13
Jahrgangsbrände:	ja
Preisniveau:	☆☆☆
Bezug:	Importeur (D): Macha

CAPOVILLA

Vittorio Capovilla & C. s. n. c.
Ca'Dolfin, 12 Via Giardini
I-36027 Rosà (VI)

In den Kellern der historischen Villa Dolfin (1760) am Fuße des Monte Grappa wird zwar auch ein wenig Grappa, also italienischer Tresterbrand destilliert – das Hauptaugenmerk jedoch legt Vittorio Capovilla, vielleicht der interessanteste Newcomer in der Brennerszene am Stiefel, auf seine Obstdestillate. Spätreifende Obstsorten, aber auch wildwachsende autochthone Traubensorten des Veneto wie Isabella, Noah oder Clinto werden von ihm sorgfältig eingemaischt und unter steter Kontrolle ohne Gärhilfen, nur durch die natürlichen Hefen vergoren. Die Destillation erfolgt doppelt in der kupfernen Wasserbad-Brennblase, dem klassischen Destillierapparat Veneziens. Im Durchschnitt lagern die Brände zwei Jahre, bevor sie mit reinem Quellwasser auf Trinkstärke herabgesetzt und abgefüllt werden. Sein unbedingtes Qualitätsstreben hat Vittorio Capovilla schon zahlreiche Preise bei internationalen Blindverkostungen eingetragen – weitere werden mit Sicherheit folgen!

Jahresproduktion:	3000 Liter
Anzahl der Brände:	26
Jahrgangsbrände:	ja
Preisniveau:	☆☆☆
Bezug:	Direktverkauf; Importeur (D): Weinberger

DISTILLATO DI AMARENA DI MONTAGNA (BERGKIRSCHE)

Aus Bergsauerkirschen der italienischen Dolomiten destilliert und in Edelstahl ausharmonisiert (42 %vol, 50 cl).
Helles, sehr fröhliches Destillat mit heiter-hochsommerlicher Nase, frischen, floralen Akzenten und sortentypischer Frucht mit enormer Kraft und Gewürznoten (Koriander, Sandelholz?) bis in den reichen Abgang.

DISTILLATO D'UVA ISABELLA SELVATICHE

Aus Trauben der nicht veredelten, autochthonen Rebsorte des Veneto Isabella gebrannt (41 %vol, 50 cl).
Von Blütenduft geprägter Brand mit reichem, sehr sauberem Aroma und viel Kraft im warmen, freundlichen Körper.

DISTILLATO DI PRUGNE SELVATICHE (WILDZWETSCHGEN)

Jahrgangsdestillat von 1992, in limitierter Auflage von 556 Litern aus Wildpflaumen gebrannt (42 %vol, 50 cl).
Unsere Probe Nr. 425: Vollfleischiger Obstbrand mit reicher Fruchtnase und mittelschwerem, von leichten hellen Kräuternoten betontem Körper.

Weitere empfehlenswerte Brände:

DISTILLATO DI MELE SELVATICHE (APFELBRAND)
WILLIAMSBIRNENBRAND
GRAPPA DI BASSANO

COMTES EVEQUE

Distillerie du Segala
Georges Vigouroux SA
F-46500 Gramat

Im Herzen des fruchtbaren Fluß-Départements Lot, an den Ausläufern des Zentralmassivs in Zentralfrankreich, liegt die in Gramat beheimatete Destillerie du Segala in einer für ihre Obstgärten und Weinberge gerühmten Landschaft. Klug beschränkt man sich hier auf die natürlichen Schätze des kühleren Nordens der weiter südlich auch die Weinbauregion Cahors umfassenden Region: Pflaumen, die auch ins unweit entfernte Haut-Armagnac zur Likörherstellung geliefert werden. In Gramat entstehen aus diesem Edelobst feine, faßgereifte Pflaumenbrände, die zu Recht den Namen der einstigen gräflichen Herren dieses Landstrichs tragen: Comtes Eveque.

CHATEAU DE MERCUES VIEILLE EAU-DE-VIE DE PRUNES

(42 %vol, 70 cl)

Goldgelbes Destillat mit saftigem, appetitanregendem Aroma und würzigem Akzent, am Gaumen süße Fülle. Ein gefälliger, angenehm runder Brand mit reifem Charakter.

Jahresproduktion:	14 000 Liter
Anzahl der Brände:	2
Jahrgangsbrände:	nein
Preisniveau:	☆☆
Bezug:	Importeur (D): Dallmayr

CONFIDENTIA

Grande Distillerie Alsacienne
3, Rue de Près
F-67330 Kirrweiler

Unter dem Markennamen Confidentia vertreibt das renommierte Saarbrücker Importhaus Rolf Herzberger die klassischen Elsässer Obstbrände der unweit von Straßburg gelegenen Grande Destillerie Alsacienne. Das hier zur Herstellung verwendete Obst stammt ausschließlich aus Obstgärten an den sanft geneigten Hängen der Vogesen und ihrer Ausläufer. Die »Confidentia«-Destillate sind allesamt »pur fruit«, entstehen also nur aus den Früchten, die dem Eau-de-vie ihren Namen gegeben haben. Gebrannt wird nach traditioneller Methode, also doppelt im Kupferalambic.

EAU-DE-VIE FRAMBOISE

Aus vergorenen und in Weingeist ausgelaugten Himbeeren destilliert (45 %vol, 70 cl).
Sehr komplexer, duftiger Brand mit hellen Anklängen an Küchenkräuter und Tannenduft; am Gaumen steigert sich schokoladige Bitterkeit mit voller Frucht, bis sie in einen trockenen, langen Abgang mündet.

Jahresproduktion:	3,5 Mio. Liter
Anzahl der Brände:	5
Jahrgangsbrände:	nein
Preisniveau:	☆
Bezug:	Importeur (D): Herzberger

EAU-DE-VIE MIRABELLE

Aus vollreifen Mirabellen Elsässer Herkunft doppelt destilliert (45 %vol, 70 cl).

Mirabelle voll jugendlicher Kraft: Ausdrucksstarkes Aroma mit »grünen«, frischen ebenso wie »gelben«, reiferen Tönen, körperreich, sehr rund, warmer Bitterton und leichte Süße im Finish.

EAU-DE-VIE QUETSCH D'ALSACE

Aus Vogesen-Zwetschgen destillierter klassischer Quetsch, in Holzfässern ausgereift und harmonisiert (45 %vol, 70 cl).

Sortentypischer Brand mit sommerlichen Aromen und floral-würzigen Akzenten. Im Geschmack dominiert Süße den festen Körper und entfaltet sich zu kraftvoller, delikat bittertöniger Frucht.

Weitere empfehlenswerte Brände:

KIRSCH D'ALSACE
POIRE WILLIAMS

DAFFERNER

Destillierie Dafferner
Rebenweg 3
D-76698 Ubstadt-Weiher

Bis vor sechs Jahren ließ Willi Dafferner aus der Kraichgau-Gemeinde Ubstadt-Weiher sein Obst als Stoffbesitzer im Rahmen des gesetzlichen Kontingents von 50 Litern brennen. Als diese Menge nicht mehr ausreichte, beschloß er, zusammen mit Sohn Matthias selbst zum Destillateur zu werden und erwarb ein volles Brennrecht. Doch der Weg zur Meisterschaft ist lang … 1994, nach zahlreichen Lehrgängen und Verkostungen, unzähligen Versuchen und Fehlschlägen, gelang, was der strengen DESTILLATA-Jury und weiteren, regionalen Prämierungskommissionen Gold-, Silber- und Bronzemedaillen wert war: die Erzeugung sauberer, ausgereifter Obstbrände mit sortentypischem Aroma und eigenständiger Handschrift. Dabei halten Vater und Sohn die selbstgesetzten Qualitätsrichtlinien strikt ein: Bis zu viermal verlesene Früchte werden mit Hilfe von Reinzuchthefen kontrolliert vergoren und nach Abschluß der Fermentation sofort in einem Kolonnen-Brenngerät destilliert. Alle Dafferner-Schnäpse sind mit Jahrgang bezeichnet, denn, so Matthias Dafferner, »der Geschmack ändert sich von Jahr zu Jahr, das macht die Brände so interessant«.

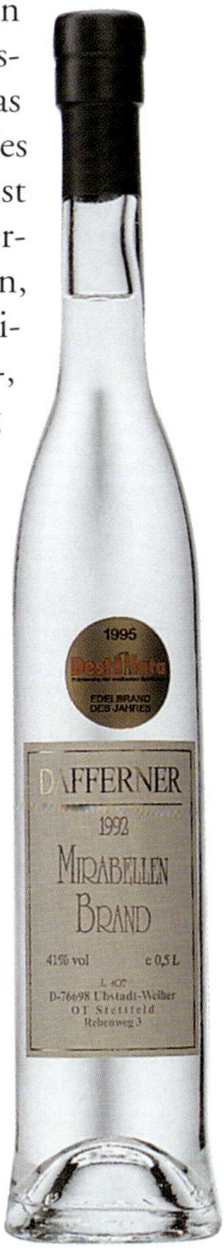

Jahresproduktion:	800 Liter
Anzahl der Brände:	22
Jahrgangsbrände:	ja
Preisniveau:	☆☆
Bezug:	Direktverkauf/-versand

MIRABELLEN BRAND 1992

Aus lothringischen Mirabellen in geringen Mengen im Kolonnenapparat destilliert (42 %vol, 50 cl).
Sehr sauberes, reifes Fruchtaroma zieht sich durch diesen gradlinigen, sehr klar und konsequent strukturierten Brand von sanftem, einnehmendem Wesen.

WILLIAMS 1995

Reinsortiger Birnenbrand aus eigenem Obstgut (42 %vol, 50 cl).
Charaktervoller Brand mit leicht kerniger, vollreifer Frucht, die aufs Schönste durch zarte Gräser und etwas Zitrus akzentuiert wird. Am Gaumen noch recht jugendlich-ungestüm, mit guten Entwicklungschancen.

APFEL AUS DEM BARRIQUE 1994

Apfel-Cuvée aus Cox Orange, Golden Delicious, Jonagold, im kleinen Holzfaß aus Limousin-Eiche ausgebaut (42 %vol, 50 cl).
Elegant-fragiles Destillat, strohblond, mit kraftvoll-frischer Frucht und appetitanregendem Duft, der seine Fortsetzung im durch delikate Sekundäraromen aus dem Barrique ergänzten Geschmack findet.

Weitere empfehlenswerte Brände:

KIRSCHE, PFLAUME, SCHLEHE, APRIKOSE, APFELBRÄNDE, WILLIAMS, QUITTEN, HOLUNDER, VOGELBEERE, TRAUBENBRÄNDE

DALLMAYR

Alois Dallmayr KG
Dienerstraße 14–15
D-80331 München

Nicht nur bei Kaffee hat die Mannschaft von Dallmayr, dem traditionsreichen Münchner Feinkosthaus, die richtige Nase – die erfahrenen Spirituosen-Kenner haben auch bei der Sortimentsauswahl in Sachen Obstbrände ein glückliches Händchen. Neben den Erzeugnissen zahlreicher renommierter Häuser wie den auch in diesem Buch vertretenen Brennern Pojer & Sandri, Ziegler, Gutzler, Schladerer, Etter, Matter-Luginbühl, Freihof, Vogl und Morand bietet Dallmayr eine eigene, »Sélection Dallmayr« genannte Linie in hochwertigen Kristallkaraffen an. Deren Inhalt stammt von erstklassigen, oft noch unbekannten Brennern, die erfolgreich auf internationalen Messen wie der DESTILLATA ausstellten und den Dallmayr-Einkäufern auffielen.

WILLIAMS-CHRIST-BRAND

Aus der edlen Hausmarken-Serie Sélection Dallmayr, in Designerflasche (45 %vol, 50 cl).
Komplexes Destillat mit vollreifer Birnennote, dazu Anklänge an Küchenkräuter und Waldhonig, am Gaumen intensiv fruchtig mit würziger Süße und lebendigem Abgang.

Jahresproduktion:	40 000 Liter
Anzahl der Brände:	11
Jahrgangsbrände:	ja
Preisniveau:	☆☆☆
Bezug:	Direktverkauf/ -versand

KIRSCHWASSER

Klassisches Kirschwasser in mundgeblasener Unikatsflasche nach alten Form-Vorbildern (45 %vol, 50 cl).
Schweres, reifes Kirscharoma beherrscht diesen hochkonzentrierten und komplexen Brand von eigenwilligem Charme.

Weitere empfehlenswerte Brände:

GRAVENSTEINER-APFELBRAND
ELSÄSSER POIRE WILLIAMS RÉSERVE SPECIALE
WALDHIMBEERGEIST
ECHTER BAYER. WALDHIMBEERGEIST
ALTES KIRSCHWASSER
FRÄNKISCHE MIRABELLE
ELSÄSSER PRUNELLE SAUVAGE
ELSÄSSER SORBIÈR RÉSERVE
DES OISEAUX (VOGELBEERE)
ALTES BAYER. ZWETSCHGENWASSER

Alois Dallmayr
MÜNCHEN

DETTLING

Arnold Dettling
Olympstraße 10
CH-6440 Brunnen

Die einzige Destillerie unter den großen der Welt, die sich auf die Verarbeitung nur einer Obstsorte spezialisiert hat: Kirschen. Seit über 125 Jahren werden ausschließlich schwarze Bergkirschen Schweizer Herkunft verarbeitet, die heutzutage langsam in einer modernen Destillieranlage gebrannt werden, damit sie ein möglichst reines Kirscharoma erhalten. Pro Flasche werden fünf Kilogramm des raren Obstes benötigt – die Produktionsmenge ist daher beschränkt. Die Lagerung findet nach traditioneller Methode in Korbflaschen statt, in denen die Kirschwässer atmen und somit reifen können.

DETTLING EXTRA DE CÉRISES NOIRES

Zur 125-Jahr-Feier der Dettling-Gründung 1992 abgefüllt, aus festfleischigen schwarzen Bergkirschen doppelt destilliert (41 %vol, 50 cl).
Sehr präsentes, dabei gefälliges Destillat mit kernig-cremigem Aroma und wuchtiger Frucht im intensiven, zunehmend süßer werdenden Abgang.

Jahresproduktion:	k. A.
Anzahl der Brände:	diverse Kirschbrände
Jahrgangsbrände:	ja
Preisniveau:	☆☆☆
Bezug:	Importeur (D): Pet Weinbeck

DETTLING RÉSERVE

Mehrere Jahre in 50-Liter-Korbflaschen harmonisiertes Destillat aus Kirschen ausschließlich Schweizer Herkunft (41 %vol, 70 cl).
Klassisches Kirschwasser mit erfrischendem, leicht stahligem Duft und runder, sehr kräftiger Fruchtsüße.

DETTLING KIRSCHWASSER 10 JAHRE ALT

Aus Bergkirschen des Schweizer Kantons Schwyz doppelt destilliert und unter amtlicher Kontrolle zehn Jahre in offenen Glasballons ausgereift (41 %vol, 70 cl).
Eine Grande Dame unter den Kirschwässern: Prunkvolles Aroma mit reichen, sehr eleganten Fruchteindrücken, durch würzige Noten raffiniert akzentuiert, harmonisch strukturiert, mit reifer Süße und langem, stattlichem Finish. Hier lohnen sich Geduld und Konzentration auf den Brand!

ERNST

Edelbranntweinbrennerei Wilhelm Ernst
Tillmatten 9
D-77815 Bühl-Eisental

Erst 1988 gegründete Kleinbrennerei des Landwirts Wilhelm Ernst, der wie viele andere Obstbauern Überschüsse aus seinen Obstgärten veredeln wollte. Schon 1990 konnte die Destillerie auf zwei Brennblasen erweitert werden, da sich das Können des Brennmeisters schnell bei den Stoffbesitzern der Umgegend herumgesprochen hatte und größere Kapazitäten nötig wurden. 1992 und 1994 erhielt die Abfindungsbrennerei aus der Ortenau bei den Badischen Obstbrandprämierungen Auszeichnungen für jedes der eingereichten Destillate.

SCHWARZWÄLDER ZWETSCHGENWASSER

Aus den berühmten Bühler Zwetschgen doppelt im diskontinuierlichen Alambic destilliert, Goldmedaille der Badischen Branntweinprämierung 1992 (42 %vol, 70 cl).

Kraftvolles Zwetschgenwasser mit reintöniger, fülliger Frucht und fleischigem Biß. Energiegeladenes Finish.

Jahresproduktion:	k. A.
Anzahl der Brände:	7
Jahrgangsbrände:	nein
Preisniveau:	☆
Bezug:	Direktverkauf/-versand

ETTER

Paul Etter Söhne AG
CH-6300 Zug

Wie so viele Schweizer Destillerien entstand auch diese aus einer bäuerlichen Kleindestille, die von der seit dem 13. Jahrhundert im Kanton Zug ansässigen Familie Etter zur Verarbeitung des eigenen Obstes betrieben wurde. 1870 wandelte Firmengründer Paul Etter den Betrieb in eine professionelle Brennerei um. Seit dieser Zeit hat sich der »Zuger Kirsch« in aller Welt einen Namen gemacht – in vielen europäischen Ländern, aber auch in Australien, Hongkong, Japan, den USA oder etwa Kolumbien besitzt das Haus Etter Generalvertretungen. Bis vor

Der Brennmeister Klaus Bothe bei der Degustation: Die hohen Qualitätsanforderungen bürgen für feinste Fruchtbrände.

Jahresproduktion:	k. A.
Anzahl der Brände:	12
Jahrgangsbrände:	ja
Preisniveau:	☆☆☆
Bezug:	Importeur (D): A. Segnitz & Co.

15 Jahren destillierte man bei Etter nur Kirschbrände, deren Jahrgangsvarianten besonders die Freunde alter, ausgereifter Raritäten ansprechen. Die sinkende Nachfrage nach Hochprozentern, das wachsende Interesse an Produktinnovationen und die zunehmende Bedeutung der Verpackungsästhetik ließ den heutigen Firmenchef Hans Etter Anfang der 80er Jahre die Produktpalette auf derzeit zwölf Geschmacksrichtungen erweitern und von renommierten Künstlern originelle Flaschenformen kreieren. Mit Erfolg.

Die Brennanlage vereint traditionelle Methodik mit modernster Technologie, man destilliert doppelt im Kupferalambic, nutzt aber Temperaturkontrolle und analytische Hilfsmittel, um besonders reine Brände zu erzeugen. Auch bei der Ausstattung setzen Hans Etter und seine beiden Geschwister Paul Etter und Joyce Meyenberg-Etter auf die Kombination von Historie und Moderne: Die hochaktuell designten, aber mundgeblasenen Flaschen werden von Hand gefüllt, verkorkt und schließlich versiegelt. Besonderen Wert legt Hans Etter auch auf ein vertrauensvolles Verhältnis zu seinen Lieferanten: Immerhin werden pro Jahr je nach Jahrgangsqualität zwischen 300 000 und 600 000 Kilogramm Kirschen und 300 000 bis 400 000 Kilogramm Birnen verarbeitet. Neue Ideen gehen den Etters kaum aus – Genießer freuen sich darüber.

WILLIAMS

Aus in der Destillerie nachgereiften Williams Birnen des Kantons Wallis, acht bis zehn Wochen vergoren, doppelt destilliert und mehrere Monate harmonisiert (42 %vol, 35 cl).

Majestätischer Williams mit üppiger Aromafülle, huldvoller Süße und dominanter Frucht, der am Gaumen Kraft und Durchsetzungswillen beweist – bis in den ausgewogenen Abgang.

Die Destillerie Etter in Zug, erstellt 1923

ZUGER KIRSCH

Aus den Kirschensorten Lampenästler, Wölfisteiner, Buholzer, Lauerzer und Lauberkirsche des Schweizer Kantons Zug diskontinuierlich destilliert, mindestens zwei Jahre gelagert (41 %vol, 70 cl).
Der Gentleman unter den Schweizer Kirschwässern: galanter Duft mit ausgewogenem Fruchtaroma, vornehmer Charakter mit bittersüßen, kraftvollen, stetig an Tiefe gewinnenden Noten und standesgemäß standhaftem Abgang – hochedel!

Weitere empfehlenswerte Brände:

ALTER ZUGER KIRSCH
PETITE CERISE (WILDKIRSCH)
WEICHSELKIRSCHEN-KIRSCH
BIRNENBRAND »GUTE LOUISE»
QUITTE
POMME GRAVINE (GRAVENSTEINER)
LÖHRPFLÜMLI, VIEILLE PRUNE
MIRABELLE, FRAMBOISE

FABER

Brennerei Rudolf Faber
Büchelstraße 20
D-54668 Ferschweiler

Bei den Abfindungsbrennern gehört der qualitätsbesessene Rudolf Faber schon lange zu den ganz Großen – sein Besinnen auf regionale Spezialitäten hat ihm auch überregional Fans beschert, die jedes Jahr die neuen Brände aus Eifeler Obstsorten auf ihre sortentypischen Feinheiten abklopfen und begeistert sind. Seit 1974 brennt Rudolf Faber im 1949 gegründeten Familienbetrieb, der seit 1959 das klassische 300-Liter-Brennrecht besitzt. Zahlreiche Stoffbesitzer – Obstanbauer mit dem Recht, beim Brenner ihrer Wahl Schnaps destillieren zu lassen – kommen jedes Jahr und ziehen befriedigt mit hochwertigen Bränden von dannen, wie sie kaum ein Großbrenner für anspruchsvolle Kleinkunden realisieren könnte oder auch nur wollte. Daneben beteiligt sich Rudolf Faber rege an Prämierungen, was sich bis heute in einer großen Anzahl von Preisen, Medaillen und Ehrentiteln niedergeschlagen hat. 1995 wurde der Faber-Obstler »Edelbrand des Jahres 1995« der Kategorie Obst-Cuvée bei der weltweit größten Vergleichsprobe DESTILLATA.

Jahresproduktion:	k. A.
Anzahl der Brände:	11
Jahrgangsbrände:	ja
Preisniveau:	☆☆
Bezug:	Direktverkauf/ -versand, Fachhandel

OBSTBRAND

Cuvée aus regionaltypischen Apfel- und Birnensorten der Eifel, diskontinuierlich gebrannt (42 %vol, 50 cl).
Noch jugendlicher, aber bereits ausdrucksstarker Brand mit saftiger, reifer Fruchtnase und harmonisch strukturiertem Körper.

NELCHES-BIRNENBRAND

Aus der autochthonen Obstsorte der Eifelregion diskontinuierlich gebrannt (42 %vol, 50 cl).
Ein charmantes Muskelpaket mit voluminösem, »dunkelgelbem« Bukett aus Banane, Honigmelone und leicht floralen Tönen, das sich im Munde konsequent entwickelt und kraftvolle, durch zartbittere Noten schön akzentuierte Frucht freigibt.

SCHLEHENBRAND

Aus der Maische der in Eifelwäldern gesammelten Schlehe gebrannt, auf der DESTILLATA 1995 prämiert (42 %vol, 50 cl).
Charaktervolles Destillat mit grünlich-jugendlichem Duft nach Gras und Zitrus, durch süßere Frucht akzentuiert. Noch etwas scharf, aber entwicklungsfähig.

Weitere empfehlenswerte Brände:

APFEL-, BIRNEN-, ZWETSCHGEN-, MIRABELLEN-, WILLIAMS-CHRIST-BIRNEN-, KIRSCHBRAND
WALDHIMBEER-
UND SCHLEHENGEIST

FASSBIND

S. Fassbind AG
CH-6414 Oberarth

Die »Alte Urschwyzer« Brennerei S. Fassbind gehört zu den großen Unternehmen der Schweiz und zu den bekanntesten und renommiertesten Destillerien der Welt. Der Beruf des Stammvaters soll der Familie einst den Namen gegeben haben: Er sei ein Faßbinder, also Küfer gewesen, heißt es. Bis ins Jahr 1395 läßt sich der Stammbaum zurückverfolgen – nicht lange danach, so die Chronik, begannen die ersten Fassbinds, Kirschen aus ihren weitläufigen Obstgärten zu brennen.

Die heutige Brennerei wurde 1846 von Gottfried Fassbind in der fruchtbaren Obstbaulandschaft am Südufer des Zuger Sees gegründet. Bereits 1856 gewannen seine Schnäpse eine Goldmedaille auf der Weltausstellung in Paris. Ein Erfolg, dem viele weitere bei Blindverkostungen folgten. Das liegt zum einen an der sehr strengen Schweizer Gesetzgebung, aber auch an den erstklassigen, verläßlichen Bezugsquellen in der Innerschweiz für vollreifes, gesundes Obst. Besonders wichtig jedoch ist die Arbeit der beiden schon jahrzehntelang für Fassbind tätigen Brennmeister Josef Bürgi und Adolf Gisler. Drei Monate lassen die beiden die sorgfältig verlesenen Früchte in großen Gärtanks

Jahresproduktion:	k. A.
Anzahl der Brände:	11
Jahrgangsbrände:	ja
Preisniveau:	☆☆☆
Bezug:	Importeur (D): Rémy Deutschland

mit Temperaturkontrolle fermentieren, bevor sie in der Wasserbad-Kupferbrennblase, die nach Fassbind-Vorstellungen modifiziert wurde, doppelt destilliert werden, um sehr reintönige Brände zu gewinnen. Durchschnittlich drei Jahre dauert die anschließende Lagerung in Glasballons, bei Jahrgangsbränden sogar fünf Jahre, bis die Destillate abgefüllt werden können – Josef Bürgi und Adolf Gisler haben Geduld, und die erwarten sie auch vom Feintrinker: »Unsere Brände sollten nicht getrunken, sondern langsam genossen werden, damit das floral-fruchtige Aroma richtig zur Geltung kommt« – genau!

VIEUX KIRSCH DU RIGHI

Von vollreifen Früchten der Schweizer Bergkirsche aus den geschützten Tälern und Sonnenplateaus der Urschweiz, zu der auch die Hänge des Nationalbergs Righi gehören; vor dem Einmaischen entrappt und schonend destilliert, drei Jahre gelagert (43 %vol, 70 cl).

Konsequent durchstrukturiertes, sehr edles Destillat mit vollfruchtigem Charakter, der durch dezent-bittere Sekundäraromen auf das angenehmste ergänzt wird.

WILLIAMS DU VALAIS

Aus Walliser Williams-Christ-Birnen destilliert, die vor der Vergärung im sonnigen Hof der Destillerie nachreifen konnten und dann von Hand verlesen wurden; traditionell destilliert und lange gelagert (43 %vol, 70 cl).

Quasi der Archetypus eines Schweizer Williams: sortentypisch, sauber, appetitanregend und freundlich, mit kräftigem, vollfruchtigem Körper.

PRUNEAU VIEUX

Die besonders aromaintensiven Zwetschgen der klimabegünstigten Westschweiz prägen den zweimal gebrannten Pruneau Vieux, der besonders lange gelagert wurde (43 %vol, 70 cl).

Ein würziger Brand mit vollem Fruchtbukett und anfangs süßem, später gewürztöniger werdendem Geschmack.

Weitere empfehlenswerte Brände:

PFLUMEWASSER
FRAMBOISE SAUVAGE
GRAVENSTEINER APFELBRAND
COING (QUITTENBRAND)
ABRICOTS DU VALAIS

FREIHOF

Freihof Privatbrennerei G. Hämmerle
Vorachstraße 75
A-6890 Lustenau

Vorarlberger Destillerie, die ihren internationalen Ruf vor allem dem unermüdlichen Einsatz und Qualitätsstreben von Inhaber Gebhard Hämmerle verdankt. 1885 vom Großvater, der gleichfalls Gebhard hieß, gegründet, war die Gasthaus-Brennerei »Zum Freihof« bald wichtiger Wirtschaftsfaktor in der klimatisch für den Obstbau besonders begünstigten Bodenseeregion.
Seit 1952 destilliert der heutige Chef, setzte konsequent auf Qualität und wurde schnell der Schrittmacher für die heute so interessante, tatsächlich aber noch junge österreichische Brennerszene. Schon damals ging Hämmerle den Weg, kurze Lieferwege für sein Obst zu bevorzugen, die frisch gepflückten Früchte von Hand zu verlesen und nötigenfalls individuell nachreifen zu lassen. Die Fermentation findet mit Reinzuchthefen statt, um jegliches Risiko auszuschließen. Unmittelbar danach wird in Kupferbrennblasen doppelt destilliert.
Zwei Hauptlinien stehen auf Hämmerles Programm: neben der hervorragenden Standardlinie »Vom ganz Guten« auch die Nobelserie »Herzstück«. Für Produktqualität und Verpackungsdesign wurden die Lustenauer Brenner auf nationalen und internationalen Prämierungen immer wieder ausgezeichnet.

Jahresproduktion:	250 000 Liter
Anzahl der Brände:	13
Jahrgangsbrände:	ja
Preisniveau:	☆☆☆
Bezug:	Direktverkauf, Importeur (D): Schlumberger

»VOM GANZ GUTEN« VOGELBEER BRAND 1994

Destillat aus den Beeren des Ebereschenbaumes, DESTILLATA-Edelbrand des Jahres 1995 (45 %vol, 20 cl).
Sortentypisches Destillat mit würziger, sehr intensiver Frucht und harmonischem, gut strukturiertem Körper – eine Entdeckung für neugierige Feintrinker!

»HERZSTÜCK« VOM DESTILLAT DER HIMBEERE 1993

Aus wildwachsenden Himbeeren der Hohen Tauern doppelt destilliert (42 %vol, 50 cl).
Üppige, saftig-frische Himbeere, sehr klar und konsequent, im Geschmack sanfte Süße, akzentuiert durch schöne Bitternoten und feurige Kraft.

»VOM GANZ GUTEN« SUBIRER 1992

Vorarlberger Spezialität aus der alten, im Rheintal gewachsenen Mostbirne Subirer, im September 1992 geerntet (42 %vol, 70 cl).
Komplexer Brand mit frischem, leicht süßlichem Fruchtaroma und reichem, dabei dezent bitterem Körper – eben etwas »vom ganz Guten«!

Weitere empfehlenswerte Brände:

SERIEN »VOM GANZ GUTEN«, »HERZSTÜCK« UND »FREIHOF ALT LUSTENAU«

DIVERSE OBSTDESTILLATE

GASSER

Schnapsbrennerei Gasser & Trausner
Mauterndorf 384
A-5570 Mauterndorf

Die Geburtsstunde der österreichischen Kultbrände von Karl-Heinz Gasser schlug 1984 – damals erbte der Stromfachmann beim Elektrizitätsversorgungsunternehmen (EVU) Vorarlberg von seinem Vater nicht nur den Landgasthof »Rößle« in Lauterach, sondern auch Brennrecht und bereits eingemaischte Früchte. »Ich mußte brennen, ob ich wollte oder nicht«, lacht er heute – die Ergebnisse konnten sich auf Anhieb sehen lassen. Fortbildung und Erfahrung brachten immer bessere, immer zeitgemäßere Destillate – die Nachfrage wuchs und mit ihr der Druck auf den Hobby-Destillateur. Kurz vor dem Aufgeben seines zeitraubenden, zum Zweitberuf gewordenen Hobbys traf er Walter Trausner. Der Pâtissier mit berufsbedingter Neigung zu Früchten aller Art war sofort interessiert: Seit 1992 steht die von beiden 100 Kilometer südlich von Salzburg in Mauterndorf im Lunggau neuerbaute Destillerie Trausner-Gasser, mit der die beiden in die Vollen gingen.
Zur Verarbeitung kommt nur erstklassiges, vollreifes Obst, das aus den fruchtbarsten österreichischen Regionen, aber auch aus Südtirol, Ungarn und der Türkei bezogen wird. Nach kontrollierter, reintöniger Gärung wird das fermentierte Obst in den drei kleinen Kupferkesseln doppelt gebrannt, die sich die beiden Brenner nach eigenen Vorgaben haben herstellen lassen. Dann ist

Jahresproduktion:	5000 Liter
Anzahl der Brände:	9
Jahrgangsbrände:	ja
Preisniveau:	☆☆☆☆
Bezug:	Direktverkauf/-versand Importeur (D):Viehhauser

geduldiges Warten angesagt, denn die Destillate brauchen und bekommen ausreichend Zeit zur Lagerung. Karl-Heinz Gasser und Walter Trausner stellen nur Jahrgangs-Destillate her, denn, so meinen die beiden: »Jedes Jahr und jeder Brand hat seine eigene Note« – das Ergebnis sind charaktervolle Edel-Destillate, die aufs Schönste zeigen, welche Weltklasse-Brände in der Alpenrepublik erzeugt werden können.

WEICHSELKIRSCHE 1993

Steinobstbrand aus im Hügelland der Steiermark windgeschützt gewachsenen, vollreifen Sauerkirschen, doppelt destilliert (43 %vol, 50 cl).

Heiteres Destillat mit beschwingter Frucht, zu der sich aufs vergnüglichste Marzipan, Nuß und Kernnoten gesellen, am Gaumen würzige Süße und feine Bittertöne im intensiven Finish.

MUSKAT-OTTONEL 1993

Im heißen pannonischen Klima des Neusiedlersees wachsen die Trauben der österreichischen Rebsortenspezialität Muskat-Ottonel; in der Destillerie in Mauterndorf schonend nach traditioneller Methode im Kupferalambic gebrannt (43 %vol, 50 cl).

Ein rassiger Muskateller: sortentypisches Aroma mit komplexer Gewürznote und steter Geschmacksentwicklung von anfänglicher Leichtigkeit zu vollfruchtiger Traubigkeit.

Weitere empfehlenswerte Brände:

OBSTLER AUS ÄPFELN UND BIRNEN,
QUITTE, ROSENMARILLE,
HIMBEERE, MOSCHLBEE
(VOGELBEERE)

GEBHARDT

Privatkellerei Ernst Gebhardt
D-97286 Sommerhausen

Im Jahr 1723 gegründetes Privatweingut, zu dem seit 1910 eine Likör- und Spirituosenfabrikation gehört. Der Wegfall der Hauptabsatzmärkte in Sachsen und Thüringen nach dem Zweiten Weltkrieg brachte eine Sortimentsänderung mit sich. Seither wird im idyllischen Sommerhausen die alte Tradition der fränkischen Edelbrände hochgehalten. Das Obst stammt aus regionalem Anbau und wird sorgfältig verlesen, kontrolliert vergoren und bei Niedrigtemperatur destilliert, um reintönige Brände zu erzielen. Neben Obstbränden entstehen in der kleinen Destillerie am Mainufer auch Trester-, Hefe- und Weinbrände aus den Erzeugnissen des hochprämierten Weingutes.

FRÄNKISCHER WILLIAMS BIRNENBRAND

Reinsortiger Birnenbrand aus Obst von Streuobstwiesen (40 %vol, 50 cl).

Sehr klares und sauberes Destillat mit sortentypischer, frühsommerlicher Frucht und appetitanregenden grünen Noten, mittelschwerer Körper, am Gaumen enorm trocken, mit sehr langer, angenehmer Fruchtigkeit.

Jahresproduktion:	300 Liter
Anzahl der Brände:	8
Jahrgangsbrände:	nein
Preisniveau:	☆☆
Bezug:	Direktverkauf/-versand

GIOVI

Distilleria Giovi di Giovanni Lo Fausci, I-78733 Valdina, Sizilien

Die kleine Destille, die der Sizilianer Giovanni Lo Fausci mit einigen Freunden als Hobbybetrieb installierte, hat sich zu einer der namhaftesten Adressen Italiens gemausert. Zwar sind nur Minimalmengen der einzelnen Destillate verfügbar – doch dafür können sich die Brenner auf erstklassiges Obstgut von den sonnenverwöhnten Hängen des Ätna konzentrieren und lassen in schlechteren Obstjahren auch einmal den einen oder anderen Brand aus. Den Bränden aus den durch das Wachstum auf vulkanischem Boden besonders aromaintensiven Früchten merkt man eine Sorgfalt an, die nur leidenschaftliche, dabei kenntnisreiche Liebhaber ihren Destillaten mitgeben können.

ACQUAVITE DI ALBICOCCHE DI CONDRÒ (1991)

Destillat aus sonnengereiften Aprikosen der Ätna-Hänge, diskontinuierlich destilliert (43 %vol, 50 cl).

Sehr verlockender Brand mit cremig-warmem, herb würzig akzentuiertem Duft, am Gaumen sehr tief, mit angenehm fruchtigen Bitternoten und weichem, trockener werdendem Abgang.

Jahresproduktion:	k. A.
Anzahl der Brände:	5
Jahrgangsbrände:	ja
Preisniveau:	☆☆
Bezug:	Importeur (D): Harald L. Bremer

GÖLLES

Alois Gölles
Stang 52
A-8333 Riegersburg

Voll Bescheidenheit nennt Alois Gölles seinen Betrieb »Schnapsbrennerei« – dabei war der Obstbauernsohn einer der ersten in Österreich, der den Zusammenhang zwischen erstklassigem Ausgangsmaterial und delikaten Bränden verstanden und diese Erkenntnis auch umgesetzt hat. Mittlerweile gehört der Steirer der »Meisterklasse« an. Gölles destilliert ausschließlich Früchte aus dem steirischen Umland, das mit über 5000 Hektar Anbaufläche mehr als 70 Prozent der österreichischen Obsternten liefert. Bevorzugt wird im Hause Gölles natürlich Obst aus eigenem Anbau: Um auch interessante Raritäten anbieten zu können, werden seit 1990 verstärkt Holunder, Ebereschen, Williams-Birnbäume, Zwetschgen, der alte, fast ausgestorbene Mostapfel Maschanzker sowie die Wildpflaume Kriecherl angepflanzt. 1995 kam eine Marillen-Plantage dazu.
Von Anfang an hat der engagierte Brenner mit dem Holzfaßausbau experimentiert und sich schließlich auf Apfel und Zwetschge als hierfür besonders geeignete Brände festgelegt. Daneben hält er jedes Jahr einige Partien seiner Destillate zurück, um die Auswirkungen längerer Lagerung zu studieren. Hier wie in vielen anderen Details arbeitet der Destillateur an einer noch weitergehenden Verbesserung seiner Qualitätsbrände – man sollte ihn im Auge behalten.

Jahresproduktion:	7000 Liter
Anzahl der Brände:	12
Jahrgangsbrände:	ja
Preisniveau:	☆☆☆
Bezug:	Direktverkauf/-versand, Fachhandel; Importeur (D): Viehhauser

HERZKIRSCHE 1993

Jahrgangsbrand aus steirischen Herzkirschen, doppelt im Kupferkessel gebrannt (45 %vol, 35 cl).
Ein Kirschwasser in Reinkultur: Sehr verlockender, reiner Fruchtduft mit tiefer Süße, im Geschmack kraftvolle Kirsche mit sich entwickelndem Feuer und komplexem Abgang. Wunderschön!

VOGELBEERE 1993

Aus den Beeren der Eberesche, die von Hand auf der steierischen »Teichalm« gesammelt wurden; zweimal diskontinuierlich gebrannt (45 %vol, 35 cl).
Ausgereifter Brand mit schwerem, fast parfumartigem Aroma nach Zimt, das sich konsequent im Geschmack fortsetzt. Ausgefallen, aber angenehm.

ALTE ZWETSCHGE 1989

Im Eichenfaß ausgebauter Brand von Zwetschgen aus eigenem Anbau (40 %vol, 35 cl).
Tiefgoldener Brand mit üppigem Zwetschgenaroma von tiefgründiger Saftigkeit, kräftiger, sehr sauberer Geschmack: harmonisch und perfekt ausgereift.

GÖRGEN

Weingut Geschwister Görgen
Zeller Str. 195
D-56820 Senheim/Mosel

Am Fuße Moselaner Steilhänge liegt das kleine Görgensche Weingut mit Brennerei, das sich in den vergangenen 30 Jahren vom landwirtschaftlichen Mischbetrieb hin zu einem reinen Winzerhof entwickelt hat. Neben nahezu vier Hektar Rebanlagen gehören auch Streuobstwiesen dazu, deren Äpfel ebenso wie zugekaufte Zwetschgen, Mirabellen und Williamsbirnen aus lokalem Anbau in der erst seit kurzem bestehenden Abfindungsbrennerei vom heutigen Chef Markus Görgen destilliert werden.
Wie bei Kleinbrennern häufig üblich, wird das Obst sorgfältig von Hand selektiert und eingemaischt, wobei die Vergärung zur besseren Temperaturkontrolle und Aromaschonung in Kleingebinden stattfindet. Die Destillation geschieht im diskontinuierlichen Wasserbad-Brennapparat bei Niedrigdruck, die fertigen Hochprozenter werden in Glasballons harmonisiert.
Neben Obstbränden entstehen Hefe- und Tresterschnäpse sowie – als Moselaner Spezialität – Likör aus Trauben und roten Weinbergpfirsichen. Bei zahlreichen Branntweinprämierungen wurden die Brände ausgezeichnet – kein Wunder!

Jahresproduktion:	1200 Liter
Anzahl der Brände:	6
Jahrgangsbrände:	nein
Preisniveau:	☆
Bezug:	Direktverkauf/-versand

APFELBRAND

Aus Äpfeln eigenen Anbaus, im Wasserbad doppelt destilliert; 1994 mit der Silbermedaille der Branntweinprämierung des Brennerverbandes ausgezeichnet (40 %vol, 50 cl).
Im ersten Moment erfrischend-leichtes Destillat, das sich zu einem enorm kraftvollen, fruchtig-würzigen Finale steigert.

ZWETSCHGENWASSER

Aus Moselaner Zwetschgen gebrannt, Silbermedaille der Branntweinprämierung 1994 (40 %vol, 50 cl).
Runder, weicher Brand mit fruchtbetontem Aroma und schönem würzigem Nachhall.

Weitere empfehlenswerte Brände:

MIRABELLENBRAND
WILLIAMS-CHRIST-BIRNENBRAND
WILDKIRSCH
WEIN-HEFEBRAND
RIESLING TRESTERBRAND

GRANDIAL

Rolf Herzberger GmbH & Co. KG
Am Felsbrunnen 8
D-66119 Saarbrücken

Nicht immer müssen die Freunde elsässischer Eaux-de-vie-des-Fruits tief in ihre Tasche greifen, wenn sie auf der Suche nach gut gemachten Bränden ihrer Lieblingsregion sind. Die Handelsmarke »Grandial« der auf erstklassige Spirituosen eingeschworenen Saarbrücker Importfirma Rolf Herzberger KG erstaunt im ersten Moment mit einem besonders günstigen Preis, im zweiten mit Qualität. Die Brände stammen aus einer französischen Destillerie, die sich auf die Produktion von Handelsmarken spezialisiert hat. Die Erzeugung folgt dabei den von der Abnehmerfirma Herzberger vorgegebenen Richtlinien – und die sind nicht ohne. So kommt nur vollreifes, sorgfältig verlesenes Obst zur Fermentation; die Obstmaische wird schnellstmöglich nach Gärungsende doppelt in diskontinuierlichen Kupferbrennblasen unter Temperaturkontrolle gebrannt und schließlich längere Zeit im Edelstahl ausharmonisiert. So entstehen Destillate mit kraftvoller Frucht, die auch in Cocktails eine hervorragende Figur abgeben.

Jahresproduktion:	k. A.
Anzahl der Brände:	5
Jahrgangsbrände:	nein
Preisniveau:	☆
Bezug:	Fachhandel

ELSÄSSER QUETSCH

(40 %vol, 70 cl)
Sommerlich-reizvolles Destillat mit würzig-floraler Nase und recht süßem Geschmack, der sich zu einem kraftvollen, zartbitteren Finale entfaltet.

KIRSCH

(40 %vol, 70 cl)
Weicher, an reife Honigmelone erinnernder Duft begleitet dieses fruchtig-weiche Destillat, bevor der durch schokoladige Nussigkeit betonte Geschmack leicht an Bitterkeit gewinnt.

POIRE WILLIAMS

(40 %vol, 70 cl)
Heller, im ersten Moment leicht spritzig wirkender Brand, der am Gaumen an Kraft und Frucht gewinnt; langer Abgang mit angenehmen Bitternoten.

GUTZLER

Weingut Gutzler
Roßgasse 19
D-67599 Gundheim

Am Anfang war's nur ein Hobby. Die Trester des 11 Hektar großen Weinguts in Rheinhessen waren 1991 Ausgangsstoff für Gerhard Gutzlers erste Destillations-Experimente. »Am Anfang war die Brennerei als Resteverwertung gedacht – doch mit dem Spaß an der Sache steigen die Ansprüche ans Ergebnis«, erinnert sich der heutige Brenn-Profi. Sein Qualitätsstreben hatte den jungen Winzer bereits bei der Betriebsübernahme 1985 zu einem der damals noch raren Rheinhessen-Weinbauern werden lassen, die auf Klasse statt Masse setzten. Da lag es nahe, sich an die Vorzüge seiner Heimat in der fruchtbaren Oberrheinischen Tiefebene zu erinnern und das Betätigungsfeld auf die Destillation von Obstbränden zu erweitern. Die natürlichen Eigenschaften des Ausgangsmaterials galt es zu bewahren und weiter herauszuarbeiten. Das geht beim Brennen nur, wenn erstklassiges Obstgut zum Einsatz kommt. Die Ergebnisse konnten sich schnell sehen lassen, wie Erfolge bei diversen Prämierungen belegen: Neben anderen Auszeichnungen stellten die Gutzlers 1995 und 1996 einen »Edelbrand des Jahres« bei den Vergleichstests der internationalen Spirituosenfachmesse DESTILLATA. Auch deshalb ist die Nachfrage nach Gutzler-Bränden im Fachhandel und in der Gastronomie mittlerweile so gestiegen – der Vertrieb wurde mit Hilfe des Feinkosthauses Dallmayr organisiert –, daß die Rheinhessen Obst aus den besten Anbaugegenden Europas zukaufen müssen.

Jahresproduktion:	2500 Liter
Anzahl der Brände:	22
Jahrgangsbrände:	nein
Preisniveau:	☆☆
Bezug:	Direktverkauf, Versand über Dallmayr

HAGEBUTTE

(40 %vol, 20 cl)
Frisches, dabei weiches Fruchtaroma mit Anklängen an Zimt, das sich zu einem würzigen, intensiven Geschmackseindruck entwickelt.

TRAUBENBRAND 1993

Jahrgangsbrand aus der Siegerrebe von 1993; 1995 DESTILLATA-Edelbrand des Jahres in seiner Kategorie (40 %vol, 20 cl).
Hochkomplexes, sehr elegantes Destillat, federleichtes Aroma mit floralen Aspekten (Reb-, Lindenblüte), mineralischen Noten und Anklängen an Zitrus, am Gaumen trocken, mit voller Frucht und ausgeprägtem Muskateller-Blütenaroma nach Nelke und Rose.

Weitere empfehlenswerte Brände:

WILLIAMS, KIRSCH, APFEL,
MIRABELL, PFLAUME, QUITTE,
WALDHIMBEERE, SCHLEHEN,
BROMBEER, ZWETSCHGE,
WEINBERGSPFIRSICH, ERDBEERE,
GOLDEN DELICIOUS, HEIDELBEERE,
WILDKIRSCHE, WEISSDORN,
SANDDORN, MEHLBEERE,
WALDBROMBEERE, VOGELBEERE,
HOLUNDER, SPEIERLING

HAHN

Brennerei Hahn
Hauptstraße 20
D-54636 Niederweiler

Mitten im Natur- und Ferienpark Südeifel liegt der Bauernhof der Familie Hahn, die bereits seit Anfang dieses Jahrhunderts Obst brennt. Eine Familientradition, zu der von jeher die sorgfältige Auslese des grundsätzlich ungespritzten Obstes gehört, das von privaten Streuobstwiesen stammt. Die Gärung erfolgt kontrolliert, aber ohne chemische Hilfsmittel: Naturreine Brände sind das Ziel des heutigen Brenners Andreas Hahn, der die Obstmaische in einer 150-Liter-Kolonnendestillieranlage in einem Arbeitsgang brennt. Ökologische Aspekte und der Wunsch nach möglichst naturreinen Destillaten führten auch zu der Überlegung, den Brennkessel mit einem sanften Holzfeuer zu beheizen, natürlich mit Holz, das aus dem eigenen Wald stammt.
Die neuen Brände werden mindestens ein halbes Jahr im Eichenfaß harmonisiert, bevor sie zum endgültigen Ausreifen mehrere Monate im Edelstahltank lagern. Beim Verkauf ist den Hahns der persönliche Kontakt zum Kunden wichtig: Freundlicher Empfang und geführte Verkostungen sind hier selbstverständlich!

Jahresproduktion:	300 Liter
Anzahl der Brände:	10
Jahrgangsbrände:	ja
Preisniveau:	☆☆
Bezug:	Direktverkauf/-versand

NELCHES BIRNE

(42 %vol, 50 cl)
Appetitliches, hellgoldenes Destillat, dessen fruchttypische Nase angenehm durch zarte Sekundäraromen flankiert wird. Mittelschwer mit reifem, schönem Abgang.

MIRABELLE

(40 %vol, 50 cl)
Leicht golden in der Farbe, mit rundem, feinem Fruchtduft, der sich am Gaumen intensiviert und an Würze gewinnt.

Weitere empfehlenswerte Brände:

KERNOBST AUS ÄPFELN UND BIRNEN
BIRNE, ZWETSCHGENWASSER
MIRABELLENWASSER
KIRSCHWASSER
RENEKLODEN
SCHLEHEN
HIMBEERGEIST
SCHLEHENGEIST
KRÄUTERGEIST
MAGENBITTER
LIKÖRE

HALLER

Prümtalbrennerei Jakob Haller
Michelstraße 1
D-54668 Prümzurlay

Seit vielen Generationen brennen die Südeifelaner Obstbrände – seit 1967 gehören auch Jakob Haller und jetzt sein Sohn Reinhard aus Prümzurlay dazu. Destilliert wird vorwiegend vollreifes, regional angebautes Obst wie Nelchesbirnen, Zwetschgen, Schlehen und Quitten, aber auch Mirabelles de Lorraine und Schwarzwälder Kirschen. Die sanften, gut austarierten Brände erreichen regelmäßig bei Wettbewerben die vorderen Plätze, was auch am aromaschonenden Brennverfahren in einem Durchgang liegt. Im Reifekeller finden sich neben Edelstahltanks vorwiegend Eichenfässer – dem modernen Trend hin zu faßtönigen Apfelbränden will man sich auch hier nicht verschließen und achtet penibel auf gleichbleibende Temperaturen und Sauberkeit. Die Besichtigung der Brennerei ist nach Absprache jederzeit möglich.

In alten Gewölbekellern lagern die Edel-Obstbrände in Eichen- oder Edelstahlfässern bis zu ihrer optimalen Reife

Jahresproduktion:	k. A.
Anzahl der Brände:	16
Jahrgangsbrände:	ja
Preisniveau:	☆☆
Bezug:	Direktverkauf/-versand

EIFELER NELCHES-BIRNENBRAND

Sortenreiner Birnenbrand aus den regionaltypischen Nelches-Birnen (42 %vol, 50 cl).
Den klar strukturierten, dabei runden und weichen Duft dominiert ein tiefer, würziger Ton nach vollreifer Birne, der sich harmonisch auf der Zunge fortsetzt und angenehme Süße entwickelt, die in ein komplexes Geschmackserlebnis aus säuerlichen und zartbitteren Noten mündet.

EIFELER ZWETSCHGENBRAND

(42 %vol, 50 cl)
Vollfruchtiger Brand mit recht süßem, kompottartigem Duft und delikat phenolisch akzentuiertem Geschmack, langer, schöner Nachklang.

EIFELER WALD-HIMBEERGEIST

(42 %vol, 50 cl)
Eine dunkle Schöne mit Charakter: erdiger Beerenton als Grundlage des eleganten Dufts, auf der Zunge fruchtig und trockener werdend.

HARDOUIN

Distillerie Artisanal
F-49230 Mazé-Montgeoffroy

Überragt vom Chateau de Montgeoffroy liegt die Brennerei Hardouin inmitten des lieblichen Landstrichs Anjou, am Mittellauf der Loire. Hier, am Nordufer, ist die Landschaft geprägt von Obstgärten und Gärtnereien, die vor allem für ihre Rosen berühmt sind – Wein wird kaum angebaut. Dafür aber die berühmten Williamsbirnen, die auch die Maische für den Prachtbrand der handwerklich arbeitenden Destillerie liefern: Das Eau de Vie de Val de Loire Poire Williams gewann beim Concours Générale Agricole de Paris 1981 die Goldmedaille und wurde 1994 beim Concours Général Européen mit dem begehrten Lorbeer „Lauriers d'Or Européens" ausgezeichnet.

POIRE WILLIAM

Aus Williamsbirnen des Loiretals doppelt im Charentaiser Kupferalambic destilliert (47 %vol, 37,5 cl).

Frisches, sortentypisches Destillat mit rundem Fruchtduft, am Gaumen vollreif mit starker Kraftentwicklung – ein beeindruckendes Kraftpaket.

Jahresproduktion:	k. A.
Anzahl der Brände:	4
Jahrgangsbrände:	nein
Preisniveau:	☆☆
Bezug:	Importeur (D): Macha

HELFERICH & SCHILLING

Odenwälder Bub Hausbrennerei Helferich & Schilling
Erbacher Straße 51
D-64658 Fürth im Odenwald

»Obstanbau – und Brennen im Einklang mit der Natur«, so lautet das Motto dieser kleinen Odenwälder Brennerei, die sich dank unablässigen Qualitätsstrebens in die Spitzengruppe der europäischen Betriebe vorgearbeitet hat. Seniorchef Werner Helferich, ursprünglich Weingroßhändler, entdeckte die Lust am Brennen nicht erst mit dem Erwerb eines Kleinbrennrechtes – doch erst danach konnte er aus dem Vollen des Odenwaldes mit seinem Reichtum an Wildfrüchten und -beeren schöpfen. Seither sammeln ortskundige Nachbarn und Helfer während der Saison Himbeeren, gehen »in die Blaubeeren« oder bringen Körbe voller wilder Brombeeren, die ihnen Werner Helferich nur zu gerne abkauft. Daneben baut die Familie im eigenen Obstgarten Äpfel und Birnen nach biologischen Methoden an – die Erntemenge ist so zwar geringer, dafür aber garantiert unbelastet, was natürlich der Bekömmlichkeit der späteren Destillate zugute kommt. Das baumreife Obst wird im Herbst in großen Wannen von Hand gewaschen, verlesen

Jahresproduktion:	600 Liter
Anzahl der Brände:	12
Jahrgangsbrände:	ja
Preisniveau:	☆☆
Bezug:	Direktverkauf/-versand

und zerkleinert, dann bis Weihnachten vergoren und bis zum nächsten Frühjahr in der modernen Brennanlage diskontinuierlich gebrannt. Neben den bei zahlreichen Prämierungen im In- und Ausland hochdekorierten Bränden stellen die Helferichs auch Obstliköre her.

ODENWÄLDER BUB WALDHIMBEERGEIST

(42 %vol, 50 cl)
Intensives, einladendes Fruchtaroma mit floralen Akzenten (Rose, Lindenblüten), im Geschmack eine Harmonie aus bitteren und süßen Elementen vor reifer Frucht.

ODENWÄLDER BUB SCHWARZER JOHANNISBEER BRAND

(42 %vol, 50 cl)
Sympathischer Brand mit tiefem, eigenfruchtbetontem, dabei sahnigem Aroma, der am Gaumen fast aufstrahlend heller wird und in einem runden, langen Finish ausklingt.

ODENWÄLDER BUB COX ORANGE BRAND

(44 %vol, 50 cl)
Ein Bild von einem Apfelbrand: Rötlich-gelbe Aromakomponenten mit leichter Nussigkeit geben eine ausdrucksstarke Vorstellung von der ursprünglichen Frucht.

Weitere empfehlenswerte Brände:

ZWETSCHGENWASSER, MIRABELL, KIRSCHWASSER, QUITTENBRAND u. a.

HÖGLER

Alois Högler
Lukashof
Grafendorf 11
A-8510 Stainz

Erst seit wenigen Jahren destilliert der steirische Obstbauer Alois Högler in größerem Umfang – davor wurde die Brennerei nebenbei betrieben. Auslöser für die Erweiterung des Brände-Sortiments waren die modernen Zeiten: Die Äpfel und andere Früchte aus den oft sehr alten Streuobstwiesen des Lukashofs entsprachen im Aussehen nicht dem handelsüblichen Schönheitsideal und hätten verschleudert werden müssen. »So nicht!«, sagten sich Alois und Dagmar Högler und unternahmen eine Studienreise in die Normandie, um die Herstellung von Calvados kennenzulernen. Eine lehrreiche Erfahrung – auch wenn die beiden innovativen Steirer dann völlig andere Wege gegangen sind und die Lukashof-Destillate in nichts dem französischen Apfelbrand ähneln.
Mittlerweile werden zahlreiche autochthone Apfelsorten der Steiermark wie Bohnapfel, Schafsnase, Ilzer Rose oder Holzapfel zu sortenreinen Bränden veredelt, brennt Alois Högler steirische Zwetschgen und Williams-Birnen ebenso wie Holunder oder Vogelbeere. Selbst die Himbeeren für den raren Himbeerbrand stammen aus der eigenen, biologisch-organisch betriebenen Landwirtschaft, für die Höglers »die natürlichste Sache der Welt«. So

Jahresproduktion:	8000 Liter
Anzahl der Brände:	12
Jahrgangsbrände:	ja
Preisniveau:	☆☆
Bezug:	Direktverkauf/Versand, Importeur (D): Weinimport Hintringer

wird auch destilliert: nach traditionellem west-steirischem Verfahren sehr langsam, bei niedrigen Temperaturen und doppelt. Bei der Lagerung wird noch experimentiert, etwa mit Eichen- oder Akazienholzfässern. Man darf auf die Ergebnisse gespannt sein. Im Lukashof entsteht übrigens auch erstklassiges west-steirisches Kürbiskernöl.

STEIRISCHER HAUSZWETSCHKEN EDELFEINBRAND 1994

(42 %vol, 35 cl)
Saubere Frucht mit kernig-männlichen Zügen, am Gaumen üppig, reif und sauber; langanhaltender, dezent bitterer Abgang.

MARILLEN FEINBRAND 1994

(42 %vol, 35 cl)
Im trockenen Duft liegt die verhaltene Kraft reifer, süßer Aprikosen, auf der Zunge bitter-süß, sehr sauber und appetitanregend.

Weitere empfehlenswerte Brände:

SORTENREINE APFELBRÄNDE VON BOHNAPFEL, ODERLING, SCHAFSNASE,WELSCHBRUNNER

WEICHSELKIRSCHE

HIMBEER

WILLIAMS

HOLUNDER

WEINBRAND UND TRESTER VOM SCHILCHER

HUMBEL

Humbel Spezialitätenbrennerei
CH-5608 Stetten

Als Max Humbel 1918 eine Destillieranlage kaufte und in seinem Obstgut im aargauischen Flecken Stetten aufstellte, wollte er in schweren Zeiten mit sauberen Bränden aus den Kirschen des Fricktals ein paar Franken dazuverdienen. Als er 1961 seinen Besitz unter den beiden Söhnen Maximilian und Louis aufteilte, waren beide mit ihrem Anteil hochzufrieden: Louis erhielt das Land und Max jr. die Brennerei, deren Produktpalette er sofort zu einem Querschnitt durch den schweizerischen Obstanbau erweiterte. Seit 1990 ist mit Lorenz Humbel die dritte Generation in der »Spezialitätenbrennerei« aktiv. Deren Erfolgsrezept neben der Produktqualität: Modernes Verpackungsdesign und Kleinst-Serien, die einen unwiderstehlichen Reiz auf Sammler ausüben. Neueste Ideen: Sortenreine Kirschwässer aus den Schweizer Traditionskirschen Dollenseppler, Lampenästler oder Rote Lauber sowie ein Brand aus biologisch angebauten Kirschen. Destilliert wird bei Humbel nach wie vor in der noch vom Großvater angeschafften »Häfeli«-Brennanlage, einem diskontinuierlich arbeitenden Alambic aus Kupfer. 1992 erhielt Humbel für seinen Klassiker, den »Kirsch de Fricktal», die Goldmedaille des Schweizerischen Spirituosenverbandes.

Jahresproduktion:	70 000 Liter
Anzahl der Brände:	35
Jahrgangsbrände:	ja
Preisniveau:	☆☆☆
Bezug:	Fachhandel, Importeur (D): Kammer-Kirsch GmbH

KIRSCH DE FRICKTAL

(40 %vol, 50 cl).
Nach fülliger, cremig-fetter Ansprache überrascht der erstaunlich leicht geratene Körper, aber die Harmonie stellt sich ein: Sehr reiner, fruchtiger Geschmackseindruck mit runder Süße, aus der sich würzige Töne entwickeln – frischt zum Schluß auf.

PFLÜMLI

(40 %vol, 50 cl).
Wuchtiger Brand mit schön ausgeprägter Frucht und elegantem Steinton, am Gaumen harmonisch abgerundet mit zarter Zimtnote.

Weitere empfehlenswerte Brände:

ECHTER BAUERNKIRSCH
ALTER BAUERNKIRSCH
ZWETSCHGEN
MIRARABELLE
VIEILLE PRUNE
WILLIAMS
APRIKOSENBRAND
QUITTEN-SCHNAPS
GRAVENSTEINER
GOLDEN-DELICIOUS
OBSTBRANDWEIN
BIRNENTRESTER
WACHOLDERBRAND

JESCHE

Wilhelm Jesche
Winklern 19
A-9541 Einöde/Treffen

Der Shooting-Star unter Österreichs Schnapsbrennern. Noch 1990 war Wilhelm Jesche Land- und Gastwirt und servierte ganzen Busladungen von Touristen Kärtner Jause mit selbstgebranntem, nicht eben erhebendem Obstler. Das Geschäft lief, und Jesche war zufrieden – bis er die neuen, nach strikten Qualitätsrichtlinien gebrannten Destillate der jungen österreichischen Brenner um den DESTILLATA-Initiator Wolfram Ortner probierte. Das wollte er auch erreichen! Ein Jahr lang studierte er Fachliteratur, fragte bekannten Brennern Löcher in den Bauch und beschaffte Obst bester Qualität von benachbarten Obstgütern. In der ehemaligen Kegelbahn seines Gasthofes ließ er eine hypermoderne Kolonnenbrennerei installieren – auf ging's!
Zwei Jahre später hingen bereits 18 Urkunden für prämierte Schnäpse an seiner Wand, zahlreiche weitere sind in der Zwischenzeit hinzugekommen. Das liegt in erster Linie am Aufwand, der mit den Rohstoffen betrieben wird: nur vollreifes Obst, aufwendige Vorbereitung – bei Äpfeln und Birnen etwa werden Kerngehäuse und Stiele entfernt –, penible Sauberkeit und viel Geduld bei Destillation und Lagerung. Dabei kommt der Qualitätsfanatiker immer wieder auf neue Ideen, was Rohmaterial und Brenntechnik betrifft. »Man lernt nie aus« – davon ist Jesche überzeugt, und so erwartet den Feintrinker sicher noch manche angenehme Überraschung aus diesem Haus.

Jahresproduktion:	6000 Liter
Anzahl der Brände:	22
Jahrgangsbrände:	ja
Preisniveau:	☆☆
Bezug:	Direktverkauf/-versand, Fachhandel

COX ORANGE

Sortenreiner Apfelbrand, bei der DESTILLATA-Verkostung 1994 mit Gold ausgezeichnet (42 %vol, 50 cl).

Sehr komplexes Destillat: Im Duft reife Äpfel mit dezenter Süße, harmonisch ergänzt durch würzige Anklänge an Lakritze, Zimt, Veilchen, Rosen, Aprikosen und fruchtige Zitrusnoten, im Geschmack vollreife, dabei erfrischende Frucht mit würzigem Abgang – sehr appetitanregend und fein!

SCHWARZE JOHANNISBEERE

Bei der DESTILLATA 1994 mit einer Goldmedaille ausgezeichneter Brand, im Kolonnenbrennapparat destilliert (42 %vol, 50 cl).

Immens wuchtiges, sortentypisches Aroma, hochkonzentriert, dabei weich und cremig mit leicht säuerlichem Ton (»Cassis«); im Geschmack dezenter, leicht bitter, mit deutlicher Steigerung im langen Finisch. Sehr komplex!

Weitere empfehlenswerte Brände:

SORTENREINE APFELBRÄNDE
BRÄNDE AUS HEIDELBEEREN, HIMBEEREN, BROMBEEREN, HOLUNDER, WEICHSELKIRSCHE, QUITTE, MARILLE, ZWETSCHGE, WILLIAMS

JURTSCHITSCH

Weingut Sonnhof Jurtschitsch
Rudolfstraße 37–39
A-3550 Langenlois

Wenn die »Winzer des Jahres 1993« der renommierten österreichischen Weinzeitschrift »Falstaff», die Gebrüder Jurtschitsch aus Langenlois in Kamptal-Donauland, sich ans Obstbrennen machen, dann erwartet man im ersten Moment einen Traubenbrand. Fehlanzeige: Ihre Rebendestillate sind ausgemachte Weinbrände, und beim Obst haben sich die innovativen Brüder auf den österreichischen Klassiker aus Marillen verlegt. Diese stammen aus altem Baumbestand des Weingutes Sonnhof, 1541 erstmals urkundlich erwähnt und seit 1868 in Besitz der Familie. Der naturnahe Ansatz von Edwin, Karl und Paul Jurtschitsch, die schon vor zwanzig Jahren in Vorreiterfunktion auf Grünbepflanzung und Kompostdüngung ihrer Ländereien setzten, um so Insektizide zu vermeiden, kam auch

Familienbande: die Gebrüder Jurtschitsch

Jahresproduktion:	300 Liter
Anzahl der Brände:	1 Obstbrand
Jahrgangsbrände:	ja
Preisniveau:	☆☆☆
Bezug:	Direktverkauf/-versand

ihrer Obstplantage zugute. Dank unterschiedlicher Reifezeitpunkte von Mirabellen und Trauben können selbst Erfolgswinzer ihrem Nebenprodukt Obstbrand Aufmerksamkeit schenken und die Früchte auf dem Höhepunkt der Reife ernten und einmaischen. Destilliert wird nicht im eigenen Haus, das überlassen die drei Vollprofis »lieber anderen Könnern«.

MARILLENBRAND

Destilliert aus vollreifen Marillen von altem Baumbestand des Weingutes Sonnhof in Kamptal-Donauland (40 %vol, 37,5 cl).

Feines, sehr sauber gebranntes Destillat mit appetitanregender, leicht würzig abgetönter Frucht und mittelschwerem, vollfruchtigem Körper.

Weitere empfehlenswerte Brände:

WEINBRAND VOM GRÜNEN VELTLINER, VOM RIESLING UND CHARDONNAY

MARC VOM CHARDONNAY

ROSÉBRAND VOM BLAUEN ZWEIGELT

BRAND VOM RIESLING-GELÄGER (RIESLING-HEFEBRAND)

KAGENECK

Gräflich von Kageneck'sche Wein- & Sektkellerei
Kupfertorstraße 35
D-79206 Breisach/Rhein

Angeblich verfügt der »vereidigte Meßweinlieferant« des Bistums Freiburg über die »schönsten Holzfaßkeller des Weinlandes Badens« – doch darüber möchten wir nicht befinden. Daß Betriebsleiter Armin Sütterlin und seine Kollegen von den Zentralkellereien der Badischen Winzergenossenschaft nicht nur gute Beziehungen zu zahllosen Wein- und Obstbauern, sondern auch Geschmack haben, beweisen die ausgesuchten Obstbrand-Spezialitäten der Kellerei. Einreichen darf hier jeder der Mitgliedswinzer seine besten Destillate, die dann als »badische Edelbrände« unter dem Namen der Kellerei Kageneck vermarktet werden – falls sie in der Blindverkostung den hohen Qualitätsansprüchen der Kageneck-Koster genügen. Mit sicherem Blick für das Preis-Leistungs-Verhältnis und zeitgemäße Ausstattung im Handel plaziert, hat sich die Linie der badischen Winzerschnäpsle zum Verkaufsrenner entwickelt – zu recht.

Jahresproduktion:	k. A.
Anzahl der Brände:	5
Jahrgangsbrände:	nein
Preisniveau:	☆☆
Bezug:	Direktverkauf/ -versand, Fachhandel

BADISCHE ZWETSCHGE

Cuvée aus den besten Zwetschgenbränden badischer Winzer, nur aus Obst badischer Herkunft gebrannt (42 %vol, 50 cl).
Ein sanfter Betörer mit angenehmem Bukett: Reife Frucht, Marzipan, leichte Gewürznoten. Am Gaumen kräftig, mit konsequenter Harmonie und langem, erfreulichem Nachklang.

BADISCHER APFELBRAND

Im Eichenfaß gereifte Cuvée aus Apfelbränden der Region Baden (42 %vol, 50 cl).
Hellgoldenes Destillat; frische, lebendige Nase mit leichten Zitrus- und Gewürznoten, am Gaumen herb-frisch mit stärker hervortretenden Bittertönen.

BADISCHER KIRSCH

Kirschbrand-Assemblage aus Kirschbränden badischer Winzerbrennereien, vom Kellermeister selektiert und zusammengestellt (42 %vol, 50 cl).
Ein angenehmer Gesellschafter nach dem Menü: Komplexes, dabei cremig-sanftes Aroma mit umfangreicher Bandbreite zwischen tiefen Nußtönen und hellen, fast phenolischen Details; kräftiger, aber weicher Körper mit deutlicher Frucht und ausdrucksstarker Auflösung. Nobel!

KELLER

Weingut Schwarzer Adler
Franz Keller
Badbergstr. 23
D-79235 Vogtsburg-Oberbergen

Zu einer Zeit, als Genießer in ganz Deutschland noch süße Weine bevorzugten und dementsprechend im Winzerkeller kräftig mit süßem Traubensaft nachgeholfen wurde (völlig legal übrigens), da legte sich der streitbare Kaiserstühler Winzer und Spitzengastronom Franz Keller ins Zeug – stritt für natürliche, durchgegorene Weine, löste damit ein längst fälliges Umdenken aus und wurde selbst zur Kultfigur des önologischen Aufbruchs. Besondere Überzeugungskraft verliehen Franz Kellers Kreuzzug die eigenen Weine, die zu Recht zu den beliebtesten Kreszenzen der deutschen Top-Gastronomie gehören. Sorgfältig selektiertes Traubengut, kontrollierte Gärung und sauberer, gekonnter Ausbau sind die Voraussetzungen für seine fruchtigen, delikaten Tropfen mit zartem Säurespiel. Die gleiche Sorgfalt widmen Franz Keller und sein Sohn und Partner Fritz der alten Hausbrennerei des pittoresk-trutzigen Kaiserstühler Landgasthofs Schwarzer Adler, in der neben typischen südbadischen Obstbränden auch herrliche Tresterbrände entstehen.

Jahresproduktion:	k. A.
Anzahl der Brände:	4
Jahrgangsbrände:	ja
Preisniveau:	☆☆
Bezug:	Direktverkauf/-versand, Fachhandel

KAISERSTÜHLER KIRSCHWASSER

Kirschwasser-Cuvée aus doppelt destillierten Bränden von Kirschen aus Kaiserstühler Obstgärten (45 %vol, 70 cl).

Gelungener Brand mit vollem Fruchtaroma, durch Gewürz- und Kräutertöne harmonisch ergänzt. Am Gaumen entwickeln sich satte Kraft und versammeltes Aroma bis in den wunderschönen, langen Nachhall – ein edles Destillat.

FEINER MIRABELL

(45 %vol, 70 cl)

Elegante, fruchtige Assemblage aus Destillaten Kaiserstühler Mirabellen: Sehr präsent und rund, mit leicht feurigen Aspekten bis in den endlosen, cremigen Schluß.

Weitere empfehlenswerte Brände:

WILLIAMS-CHRIST-BIRNE
APFELWEINGEIST
SPÄTBURGUNDER-WEINHEFEBRAND

KLEINDIENST-KAINZ

Horst Kleindienst-Kainz
Gundersdorf 9
A-8511 St. Stefan/Stainz

Bäuerliche Kleindestille mit beachtlichen Ergebnissen. Das mag daran liegen, daß die Brennkunst für Horst Kleindienst-Kainz Hobby und Leidenschaft geblieben sind, die ihm große Mühe und beachtlichen Zeitaufwand wert sind – gute Voraussetzungen für edle Destillate. Die Rohware bezieht der Brenner dabei vom eigenen Wein- und Obstgut. Seine Erfahrung in Sachen Gärtechnologie kommt auch der Obstmaische zugute, die reintönig und sauber fermentiert. Gebrannt wird im Kupferbrennapparat, der nach jedem bis zu sieben Stunden dauernden Feinbrand-Durchlauf pingelig gereinigt wird – mit positiven Auswirkungen auf das nächste Destillat. Kein Wunder also, wenn nicht nur die Weine dieses Weinguts Ehrungen wie die Aufnahme in den österreichischen »Salon« der besten Tropfen eines Jahrgangs fanden, sondern auch die Edelbrände regelmäßig reüssieren.

Jahresproduktion:	300 Liter
Anzahl der Brände:	9
Jahrgangsbrände:	ja
Preisniveau:	☆☆
Bezug:	Direktverkauf/-versand

SPEANLING BRAND 1994

Aus der alten Wildpflaumensorte Speanling destilliert (40 %vol, 35 cl).

Gradlinig, mit zartem Frucht/Blütenbukett und mittelschwerem Körper. Am Gaumen entwickeln sich neben frischer Frucht feine Gewürznoten.

WILLIAMS BIRNEN BRAND 1994

Reinsortiger Birnenbrand, kontrolliert vergoren und langsam bei Niedrigtemperatur gebrannt (40 %vol, 35 cl).

Feingliedriges Destillat mit schöner, würzig abgerundeter Frucht, am Gaumen kräftiger werdend, mit langem, bittersüßem Abgang.

Weitere empfehlenswerte Brände:

TRAUBENBRAND AUS SCHILCHER UND ISABELLA-TRAUBEN

BRÄNDE AUS BIRNEN, WEICHSELKIRSCHEN, PFIRSICHEN, MARILLEN UND ÄPFELN

TRESTER UND WEINBRAND AUS SCHILCHER

KÖNINGER

Wilhelm Köninger GmbH
Heidenhof 1–3
D-77876 Kappelrodeck

Bis vor wenigen Jahren gehörte die Ortenauer Destillerie Wilhelm Köninger zu jenen Schwarzwälder Brennereien, die saubere, regionaltypische Brände herstellten und ansonsten nicht weiter auffielen. Mit der Übernahme durch das norddeutsche Spirituosenhaus Assmussen änderte sich das grundlegend. Heute ist Köninger eine vor allem in der gehobenen Gastronomie erfolgreiche Marke mit ausgefeiltem Produktimage, zeitgemäßer Ausstattung und einer auf die fünf klassischen Sorten Himbeer, Kirsch, Pflaume, Mirabell und Williams konzentrierten Produktpalette. An Rohstoffqualität und den brenntechnischen Grundlagen dieses Markenerfolges hat man bei Assmussen klugerweise nicht gerüttelt: Immer noch wird nur erstklassiges Obst nach traditionellen Methoden destilliert, gehören die ausgereiften Brände zum Besten, was Baden zu bieten hat.

Jahresproduktion:	10 000 Liter
Anzahl der Brände:	5
Jahrgangsbrände:	ja
Preisniveau:	☆☆
Bezug:	Fachhandel, Informationen über Assmussen

SCHWARZWÄLDER WALDHIMBEERGEIST

(42 %vol, 70 cl)
Vollfruchtige, tiefgründige und doch quicklebendige Nase; mittelschwerer, leicht öliger Körper mit viel Fruchtigkeit und ausdrucksstarkem Abgang.

SCHWARZWÄLDER KIRSCHWASSER

Aus sonnenreifen Brennkirschen des Achertals im badischen Landstrich Ortenau gebrannt (42 %vol, 70 cl).
Reifes, tiefgründiges Bukett; fester Körper mit Biß, satter Frucht und enorm kraftvollem Abgang.

SCHWARZWÄLDER MIRABELLENWASSER

Aus vollreifen Schwarzwälder Mirabellen gebrannt (42 %vol, 70 cl).
Helle, sympathische Fruchtnase, die schon die geschmackliche Kraft ahnen läßt: Viel Frucht, die sich mit muskulösen Bitternoten zu einem furiosen Finale steigert.

KÜCHLIN

Böttchehof
Helga, Erich und Frank Küchlin
Basler Straße 76a
D-79227 Schallstadt-Wolfenweier

»Das beste Obst ist für den Schnaps gerade gut genug« – für das Brennergespann Vater Erich und Sohn Frank Küchlin ist diese qualitätsorientierte Devise Grundlage ihrer erfolgreichen Arbeit im Wein- und Obstgarten, im Gärungskeller und in der Brennerei. Die Küchlins verfügen über zwei Brennrechte à 300 Liter, so daß am Wochenende der Destillationsapparat im pittoresken Böttchehof, mitten im sonnenverwöhnten Markgräflerland, nicht stillsteht. Dann sind auch Besucher willkommen, die meist nicht nur zu einer anschaulichen Lektion in Sachen Hochprozenter hereinschauen, sondern auf dem hier veranstalteten Bauernmarkt direkt ab Hof einkaufen können. Mutter Helga Küchlin öffnet zudem die gemütliche Schenke, wo sowohl eigene Weine, als auch die immer wieder bei Qualitätswettbewerben ausgezeichneten Destillate zu genießen sind.

»Ein Brand kann nur so gut sein wie das schwächste Glied in der Destillier-Kette«, sagt Brennmeister Küchlin überzeugt und verweist auf erstklassige Rohstoffe, auf Gärung bei Niedrigtemperatur, auf doppelte Destillation im Wasserbad-Brennapparat, wobei die Hygiene bei allen Schritten im Vordergrund steht. Die Destillate werden – noch hochprozentig – in Steingutgefäßen oder in Eichenfässern gelagert, bevor sie vorsichtig auf Trinkstärke herabgesetzt und filtriert werden. Ein Konzept, das aufgeht.

Jahresproduktion:	600 Liter
Anzahl der Brände:	12
Jahrgangsbrände:	ja
Preisniveau:	☆
Bezug:	Direktverkauf/-versand

GOLDEN-DELICIOUS-BRAND

Sortenreiner Apfelbrand aus Golden Delicious des eigenen Obstgartens, doppelt im Wasserbad destilliert und in Eichenfässern gelagert (43 %vol, 35 cl).

Duftiger Brand mit zarten, sortentypischen Aromen von frischen grünen Äpfeln, daneben angenehm-leichte Sekundäraromen aus der Holzfaßlagerung; am Gaumen recht wuchtig, trotz eines Hauchs Marzipans frisch und mit angenehmer Säure; harmonisches Finish.

WALDHIMBEERGEIST

Destillat aus in Weingeist eingelegten Waldhimbeeren, schonend im Wasserbad destilliert und in Steingut harmonisiert und ausgereift (43 %vol, 35 cl).

Elegant-zurückhaltendes Aroma mit dunklen, erdigen Noten (Tabak, Rauch), am Gaumen entwickelt sich schöne Frucht mit der ganzen Intensität von Waldhimbeeren.

Weitere empfehlenswerte Brände:

KERNOBSTBRAND
SCHWARZWÄLDER KIRSCHWASSER
WILDKIRSCHWASSER
SAUERKIRSCHWASSER
WILLIAMS-CHRIST-BRAND
WILLIAMS-EDELGOLD
ZWETSCHGENWASSER

KUGLER

Brennerei Hans Kugler
Vordere Straße 16
D-70734 Fellbach

Erst seit zwölf Jahren brennt der Fellbacher Winzer und Obstbauer Hans Kugler eigenen Schnaps aus den Früchten seiner im klimatisch begünstigten Remstal vor den Toren Stuttgarts gelegenen Obstgärten. Sein Glück damals: Die Nähe zur in Forschung und Lehre der Brenntechnologie führenden Universität Stuttgart-Hohenheim verhalf ihm zu soliden Kenntnissen und gutem Rat – kein Wunder also, wenn die feinen Obstbrände aus dem Winzerhof regelmäßig bei Prämierungen reüssieren. Für Hans Kugler der sichtbare Erfolg seines auf Kleinstmengen und erstklassige Qualität bauenden Konzepts. Seit dem Tag der »Erstdestillation« am 9. Dezember 1983 hat sich der gemütliche Brenner an nahezu allen gängigen Obstsorten »versucht«, wie er untertreibend meint. Besonders gut sind ihm dabei auch der Quittenbrand und die Traubenbrände der bekannten Fellbacher Lagen Wetzstein (Riesling) und Goldberg (Müller-Thurgau) gelungen.

Jahresproduktion:	300 Liter
Anzahl der Brände:	13
Jahrgangsbrände:	ja
Preisniveau:	☆☆
Bezug:	Direktverkauf/-versand

SCHWARZER JOHANNISBEEREN-BRAND

Ohne Zusätze gebranntes Destillat aus schwarzen Johannisbeeren (40 %vol, 50 cl).

Sattes, fülliges Beerenaroma, durch spritzige, sortentypische Säure akzentuiert. Vollfruchtige Entwicklung hin zu kräftiger, aber angenehmer Bitterkeit: schön!

SCHWÄBISCHES APFELSCHNÄPSLE

Im Holzfaß gereifter Apfelbrand, Großer Preis 1995 der DLG (38 %vol, 50 cl).

Ausgereiftes Destillat mit sehr lebendigem, dabei tiefem und rundem Apfelaroma, das sich harmonisch im Geschmack fortsetzt und durch zarte Sekundäraromen intensiviert wird; würziger Abgang – die Bezeichnung »Schnäpsle« kann nur als liebevoll-schwäbisches Understatement verstanden werden.

Weitere Brände:

FELLBACHER OBSTWÄSSERLE
KIRSCHWASSER
SAUERKIRSCHWASSER
MIRABELLENWASSER
KUGLERS QUITTENSCHNÄPSLE
WALDHIMBEERGEIST
WILLIAMS-CHRIST-BIRNENBRAND
ZWETSCHGENWASSER
HEFESCHNÄPSLE AUS WEINHEFE
FELLBACHER WETZSTEIN RIESLING TRAUBENBRAND
FELLBACHER GOLDBERG MÜLLER-THURGAU TRAUBENBRAND

LACKNER-TINNACHER

Fritz Tinnacher
Steinbach 12
A-8462 Gamlitz

Als Winzer ist Fritz Lackner für die verläßliche Qualität seiner besonders fruchtbetonten Weine bekannt. 12 Hektar umfaßt sein Weingut in der Südsteiermark, zu dem zahlreiche erstklassige Lagen gehören. Was in der Südsteiermark harte Arbeit bedeutet: Auf steilen Südhängen mit bis zu 55 Prozent Neigung reifen zwar sonnenverwöhnte Trauben, deren Lese sich allerdings entsprechend schwierig und aufwendig gestaltet. Um so angenehmer scheint Fritz Lackner und Ehefrau Wilma die Arbeit in den Obstgärten und in der Brennerei. Auch hier setzt der Steirer auf erstklassiges

Apfelernte in der Südsteiermark

Jahresproduktion:	300 Liter
Anzahl der Brände:	7
Jahrgangsbrände:	ja
Preisniveau:	☆☆
Bezug:	Direktverkauf/-versand

Rohmaterial, dessen Fruchtcharakter er gezielt durch Niedrigtemperatur-Destillation herausarbeitet. Wie die Weine, so sollen auch die Destillate ihre steirische Heimat repräsentieren, was zwangsläufig zu einer nur kleinen, regionaltypischen Palette führt: Die Brennerei ist für Fritz Lackner Hobby geblieben – und eine brennende Leidenschaft.

WILLIAMS-BIRNENBRAND

(40 %vol, 50 cl)

Vollreifes, sehr sauberes Obstdestillat mit kräftig-süßer Frucht im Duft, am Gaumen voluminös und klar strukturiert; langes, elegantes Finish mit dezenter Bitterkeit.

ZWETSCHKENBRAND 1994

(42,5 %vol, 50 cl)

Helle Fruchtnase mit würzigen Elementen und zarten Mineraltönen; im Geschmack satte, saftige Frucht, dezent süß bei würziger Kraftentfaltung.

Weitere empfehlenswerte Brände:

APFELBRAND (EICHENFASS)

GRAVENSTEINER APFELBRAND

LANTENHAMMER

Josef Lantenhammer OHG
Inh. Fam. Stetter
Bayrischzeller Straße 13
D-83727 Schliersee

Von Josef Lantenhammer 1928 in Schliersee als Enzianbrennerei gegründetes Unternehmen, das heute unter Leitung des Lantenhammer-Enkels Florian Stetter zu den Schrittmachern moderner Obstbrand-Kultur gehört. Erstklassige, vollreife Früchte sind Grundlage der Brände, Florian Stetter-Lantenhammer bezieht sie von langjährigen Lieferanten aus allen Teilen Europas. Neueste Erkenntnisse wie die temperaturgeregelte Vergärung mit Reinzuchthefen werden mit der bewußt langsam durchgeführten, klassischen Destillationsmethode in der Kupferbrennblase gepaart, bevor die Destillate in alten Tontanks ausgereift werden. Für Brennmeister Stetter-Lantenhammer ein wesentlicher Gesichtspunkt, um an ausgereifte, runde Destillate von kristallklarer Farbe zu kommen: Diese Ausbauart ähnelt der im Eichenfaß, ohne daß Farb- und Gerbstoffe in den Brand gelangen. Je nach Sorte bleiben die Destillate zwischen einem und drei Jahren im Ton.

Jahresproduktion:	k. A.
Anzahl der Brände:	8
Jahrgangsbrände:	ja
Preisniveau:	☆☆
Bezug:	Direktverkauf/-vertrieb

WILLIAMSBRAND

Aus Williams-Christ-Birnen des Südtiroler Nonstales und dem Bozener Becken bei Sigmundskron, doppelt destilliert und in Ton ausgereift (42 %vol, 50 cl).

Ein intelligenter Brand, dem man sich widmen sollte. Dann gefällt der sehr komplexe, vollreife Ton mit seinen zartbitteren Gewürznoten und floralen, fast orangenblütigen Elementen, dem eine kräftige, dabei weiche und ein wenig süße Frucht am Gaumen folgt, bis sich im langen Nachklang eine elegante Bitterkeit einstellt – ein Brand der absoluten Spitzenklasse!

MIRABELLENWASSER

(42 %vol, 50 cl)

Pikant-trockener Obstbrand mit tiefem Fruchtaroma und leichten Anklängen an Marzipan, Nüsse und Zitrus; konsequente Entwicklung am Gaumen, körperreich mit angenehm trockenem, gewürzbetontem Abgang.

Weitere empfehlenswerte Brände:

WILDKIRSCHBRAND
SAUERKIRSCHBRAND
APFEL- & WILLIAMS-OBSTBRAND
SCHLEHENGEIST

MALAT

Weingut Gerald Malat
(vormals Malat-Bründlmayer)
Lindengasse 27
A-3511 Furth-Palt

Der Weinbau-Ingenieur Gerald Malat ist ein Mann der Tat: Es vergeht kaum ein Jahr, in dem der in der Wachau ansässige Winzer nicht mit einer Innovation im Bereich Kellertechnik aufwartet, die die ohnehin hohe Qualität seiner Erzeugnisse noch verbessert. Und dabei verläßt sich der Kremser nicht auf fertige Lösungen, sondern greift oft selbst zum Werkzeug, bastelt, ändert, denkt weiter und hat Erfolg damit. Bei aller Liebe zur Technik ist Gerald Malat ein bodenständiger Weinbauer geblieben. Einer, der weiß, daß gute Weine nur aus erstklassigem Traubenmaterial, daß gute Obstdestillate nur aus vollreifem, sorgfältig verlesenem Obst entstehen können. Entsprechende Sorgfalt widmet er der Alltagsarbeit im Weinberg und in seinen Obstgärten, aus deren Obst er Brände destilliert. Auch hier verbindet er modernste Technik mit alten Traditionen: Computergesteuerte Vergärung ist hier ebenso selbstverständlich wie die Destillation in der klassischen Brennblase – allerdings ständig überwacht, bei Niedrigtemperatur, um den Fruchtcharakter zu bewahren und zu verstärken. Die Anwendung ausgefeilter Technologie ist im Weinbau selbstverständlich – Gerald Malat beweist, daß es sich auch bei der Obstdestillation lohnt.

Jahresproduktion:	300 Liter
Anzahl der Brände:	7
Jahrgangsbrände:	ja
Preisniveau:	☆☆
Bezug:	Direktverkauf, Fachhandel; Importeur (D): Weinberger

MARILLE

(40 %vol, 50 cl)
Distinguierter Aprikosenbrand mit elegant-trockenem Aroma, von dezenter Frucht und floralen Akzenten geprägt, am Gaumen deutliche Kräuternoten bis in den angenehm komplexen Abgang.

WILDKIRSCHE

(43 %vol, 50 cl)
Helles Destillat mit mediterranen Geschmacksassoziationen (Anis, grüne Oliven, Kräuter) über ölig-warmem Körper, mit runder, gewürzbetonter Fülle.

Weitere empfehlenswerte Brände:

ZWETSCHGENBRAND
WEICHSELKIRSCHE
WILLIAMS-BIRNENBRAND
NUSSBRAND
KIRSCH-WEICHSEL
IN FEINEM WEINBRAND

MANGILLI

Mangilli S.p.A.
Via Tre Avieri 12
I-33030 Flumignano di Talmassons, Friaul

In einem Dörfchen südlich von Udine gelegene Brennerei, die sich bis vor wenigen Jahren im Besitz der Markgrafen von Mangilli befand. Vormals hochadeliges Hobby, begann nach dem Zweiten Weltkrieg die kommerzielle Herstellung von Edelbränden, wobei die alten, traditionellen Brennkessel trotz umfangreicher Modernisierungsmaßnahmen weiterhin das Kernstück der Anlage bilden. Heute gehört die Destillerie Francesco Perissinotto aus der Likör-Dynastie Barbieri (»Aperol«), der die Brennerei kontinuierlich vergrößerte. Seit 1994 wird neben den drei hervorragenden Grappe Bianca, Riserva und Collezione auch eine Auswahl an Obst- und Traubenbränden destilliert.

DESTILLATO D'UVA

(40 %vol, 50 cl)

Elegantes Destillat mit eher dezent-zurückhaltendem, von nussigen und grasigen Tönen flankiertem Traubenaroma, das sich am Gaumen konsequent und mit entschlossener Kraftentwicklung zu vollfruchtiger Weichheit entwickelt.

Jahresproduktion:	k. A.
Anzahl der Brände:	2
Jahrgangsbrände:	nein
Preisniveau:	☆☆
Bezug:	Direktverkauf/-versand; Importeur (D): Eggers & Franke

MARDER

Fichtenhofbrennerei Edmund Marder
Fichtenweg 5
D-79774 Albbruck-Unteralpfen

Vor Sauberkeit blitzend die kupferne Brennblase, zufrieden das Lächeln im Gesicht des Chefs – verständlich, denn Edmund Marder gehört zu den bei Wettbewerben erfolgreichsten deutschen Brennern. Ein Autodidakt und Hobby-Destillateur, der gleich mit seinem ersten Brand eine Goldmedaille des Brennerverbandes erringen konnte. Glück gehabt? Jedenfalls war es für Edmund Marder nach dem plötzlichen Tod seines Vaters vor zehn Jahren Ehrensache, das bereits eingemaischte Obst zu destillieren und damit die gerade gelieferte, nagelneue Brennanlage einzuweihen. Wartete doch anspruchsvolle Kundschaft. Mittlerweile ist die größte Herausforderung, aus erstklassigem Obst im Kolonnendestillationsapparat das Bestmögliche herauszuarbeiten – in einem Arbeitsgang, denn, so der Erfolgsbrenner überzeugt: »Damit bringe ich mehr Aromen ins Destillat.« Zwanzig Sorten Obstbrände bietet der Südschwarzwälder an, darunter auch das seltene, aber von Kennern heiß geliebte »Zibärtle« aus einer wilden Pflaumensorte.

Jahresproduktion:	2000 Liter
Anzahl der Brände:	21
Jahrgangsbrände:	nein
Preisniveau:	☆☆☆
Bezug:	Direktverkauf/-versand

WILLIAMS-CHRIST-BIRNE

Sortenreines Destillat von Williamsbirnen aus Südtirol, Frankreich und vom Kaiserstuhl; Goldmedaille der DESTILLATA 1995.
In sich ruhender Brand mit wunderschöner Fruchtnase, rundem, fast samtweichem Körper und langem Abgang – Tropfen für Tropfen ein Hochgenuß.

MIRABELLENWASSER

Aus regionalen Mirabellen einfach destilliert und in Glasballons harmonisiert; Silbermedaille der DESTILLATA 1995 (42 %vol, 50 cl).
Warmherziger Brand mit einem Obstbukett von reifer Frucht und melodisch schwingendem Geschmack, der zum entfernten Schluß hin heller zu flirren scheint – hohe Schule der Brennkunst.

Weitere empfehlenswerte Brände:

QUITTEN-, ZIBARTEN-, HOLUNDER-, BROMBEER-, VOGELBEER-, SCHLEHENBRAND
SCHWARZWÄLDER KIRSCHWASSER
HIMBEERGEIST
GRAVENSTEINER APFELBRAND

MASCHIO

Bonaventura Maschio
Via Vizza 2
I-31018 Gaiarine, Venetien

Im Jahr 1919 von Bonaventura Maschio aus der Taufe gehobene Destillerie. Der Gründer konnte sich dabei auf die von seinem Vater Guiseppe ererbten Brennblasen und Brennkenntnisse stützen. Der heutige Leiter der Familienfirma, Dottore Italo Maschio, hat sein ursprünglich für die Herstellung erstklassiger Grappe renommiertes Unternehmen zu einem der Schrittmacher in der Herstellung von Obstdestillaten aus den aromatischen Trauben des Veneto entwickelt. Speziell für diese Distillati d'Uve wurde in Zusammenarbeit mit dem Fachbereich Brennereitechnik der Universität von Udine eine neue Brennanlage aus Kupfer konzipiert, die bei besonders niedrigen Temperaturen betrieben werden kann, also trotz ihrer Milde aromastarke Brände garantiert. Im Nachhinein erscheint der Erfolg der erst vor wenigen Jahren eingeführten Linie Prime Uve programmiert: Die Verbindung von traubigem Charakter und fruchtiger Weichheit gefällt sowohl den Liebhabern von Obstbränden als auch den Anhängern milder Grappe – kein müder Kompromiß also, sondern eine gelungene Innovation.

Jahresproduktion:	k. A.
Anzahl der Brände:	5
Jahrgangsbrände:	ja
Preisniveau:	☆☆☆
Bezug:	Importeur (D): Veuve Clicquot Deutschland

PRIME UVE BIANCE: DISTILLATO D'UVE PROSECCO E RIESLING

Im für Traubendestillate modifizierten Vakuum-Verfahren hergestellt, aus gesunden, in der Brennerei zehn Tage fermentierten Trauben des Anbaugebiets Conegliano.

Würziges Destillat mit buttriger Rieslingnase, Anklänge an Nuß, Gras, Mandeln und Lorbeer, weinig-frisch am Gaumen, kraftvoll-eleganter Abgang.

PRIME UVE MONOVITIGNO: DISTILLATO D'UVE CHARDONNAY 1993

Aus Chardonnay-Trauben des Weinjahrganges 1993 destilliertes Acquavite d'Uva, unter Kühlung vergoren und langsam im Vakuum destilliert. Auflage 870 Liter (40 %vol, 50 cl).

Unsere Flasche Nr. 0914: Filigranes Destillat mit typisch leichtherzigem Chardonnaybukett und sich langsam zu voller Kraft entwickelndem Körper, durch zarte Süße perfekt abgerundet.

PRIME UVE NERE: DISTILLATO D'UVE CABERNET E REFOSCO 1991

Cuvée aus von Hand gelesenen und sofort gekelterten Trauben, separat im Kupferkessel mit Unterdruck destilliert und nach der Assemblage im 180-Liter-Eichenfaß ausgereift (38,5 %vol, 70 cl).

Reifer, sehr weicher und dunkler Duft; fülliger, zart von Holznoten flankierter Körper, freundlicher, dabei kraftvoll-ausdrucksstarker Abgang.

MATTER-LUGINBÜHL

Destillerie Matter-Luginbühl
Lyss-Straße 7
CH-3270 Aarberg

Von Ernst Luginbühl 1920 gegründete Destillerie, heute in der dritten Generation im Besitz von Enkelin Elsbeth Matter-Luginbühl und Ehemann Christian. Schon sehr früh weitete die Familie die Produktpalette auf heute zehn Spezialitäten der Schweizer Brenntradition aus, darunter auch ein sehr gelungenes Kirschwasser. Von der Verwendung ausschließlich Schweizer Obstes, der klassischen Brennmethode in zwei Gängen und mindestens einjähriger Lagerdauer werden die Matter-Luginbühls nicht abrücken, denn »das gehört zu unserer Geschichte, und der sollte man treu bleiben«.

WILLIAMS DU VALAIS

(41 %vol, 75 cl)
Schönes Beispiel Schweizer Williams-Tradition: Sortentypisches Destillat mit reifer, runder Fruchtnase und kräftiger, durch einen angenehm kernigen Bitterton gebremster Süße. Sehr langer Nachklang.

Jahresproduktion:	28 000 Liter
Anzahl der Brände:	10
Jahrgangsbrände:	nein
Preisniveau:	☆☆☆
Bezug:	Direktverkauf; Importeur (D): Dallmayr

MAUCOURT

Distillerie des Cotes de Vezon
Gabriel Maucourt & Fils
Vezon
F-57420 Verny

Im französischen Département Moselle, unweit von Metz gelegene Destillerie des Brenners Gabriel Maucourt. Seine Spezialität ist der Mirabellenbrand, den er aus den berühmten »Mirabelles de Lorraine« gewinnt – der einzige Obstbrand, dem das französische System der geschützten Herkunftsbezeichnungen eine Appelation Réglementée zubilligt. Die Früchte hierfür wachsen in eigenen Obstgärten und werden nach dem Einmaischen zwei Monate vergoren, bis sie diskontinuierlich im Kupfer-Alambic in zwei Schritten zum Feinbrand destilliert werden. Mindestens drei Jahre reifen die Destillate in Eschenfässern, bevor sie auf Flaschen gefüllt werden.

MIRABELLE DE LORRAINE

(46 %vol, 70 cl)
Wunderschöner Nostalgiker mit den Aromen der guten alten (Advents-)Zeit: Zimt, Nelken, Neunerlei, ein Hauch Hefe und Butter, üppige, saftige Frucht, die sich am Gaumen weiter verstärkt. Genuß vom Anfang bis zum Ende.

Jahresproduktion:	k. A.
Anzahl der Brände:	1
Jahrgangsbrände:	nein
Preisniveau:	☆☆
Bezug:	Importeur (D): Jacques' Weindepot

MAUSSER

Obstbau und Buschenschank
Leopold Mausser
Niederberg 4
A-8151 Hitzendorf

Für den steirischen Obstbauingenieur Leopold Mausser waren harte Zeiten nie ein Grund zum Klagen – »mit Qualitätsstreben und neuen Ideen kommt man immer weiter«, wie der Hitzendorfer früher ahnte und heute weiß. Als der Markt für Frischobst absackte, stellte er auf Direktvermarktung auf dem Grazer Hauptmarkt um, gewann treue Kunden und brachte sie zur zehnminütigen Fahrt in seinen neueröffneten Buschenschank mit herrlicher Aussicht. Dort gab es neben bäuerlicher Vesper und hausgemachtem Most auch die ersten Destillate aus der Brennerei Maussers, der mittlerweile von seinen Söhnen Martin und Wolfgang unterstützt wird. Das verwendete Obst stammt ausschließlich aus den 10 Hektar großen eigenen Obstgärten, wo zu 60 Prozent Äpfel, aber auch Pfirsiche, Zwetschgen, Kirschen, Williams-Birnen und Quitten geerntet werden. Destilliert wird in einem 150-Liter-Kupferkessel mit Verstärker. Der Erfolg gab den Maussers recht: Ihr erster steirischer Mostbuschenschank floriert, und ihre Brände errangen zahlreiche Auszeichnungen bei internationalen Vergleichsproben.

Jahresproduktion:	700 Liter
Anzahl der Brände:	10
Jahrgangsbrände:	ja
Preisniveau:	☆☆
Bezug:	Direktverkauf/-versand

KIRSCHWASSER

Aus vollreifen steirischen Kirschen gebrannt, Goldmedaille der DESTILLATA 1991 (40 %vol, 35 cl).
Angenehmes Destillat mit jugendlicher Ansprache und weichem, reif und gesetzt wirkendem Körper sowie rundem Fruchtgeschmack, dessen zarte Bittertöne zum Ende hin tiefer werden.

MASCHANZKER

Aus der alten Mostapfelsorte Maschanzker, Silbermedaille der DESTILLATA 1994 und 1995 (40 %vol, 35 cl).
Elegantes Destillat mit verhaltenem Duft nach sommerlichem Obst, auf der Zunge dominiert vollreife Frucht.

Weitere empfehlenswerte Brände:

PFIRSICH

QUITTE

ZWETSCHGE

WILLIAMS

SORTENREINE APFELBRÄNDE
AUS JONAGOL
(AUCH FASSGELAGERT)
UND ELSSTAR

MASCHANZKER-TRESTERBRAND

METTÉ

Jean-Paul Metté
9, rue des Tanneurs
F-68150 Ribeauvillé

Vielleicht der ideenreichste, bestimmt aber der originellste unter den europäischen Brennern. Seit über 30 Jahren destilliert Jean-Paul Metté im pittoresken Elsässer Städtchen Ribeauvillé, doch seine Neugierde auf immer neue Aromaerlebnisse ist immer noch nicht gestillt. So umfaßt seine Produktpalette heute 61 Destillate – neben den klassischen Sorten des Elsaß stehen auch Eaux-de-vie aus Spargel, Zimt, Wollkrautblüte, Pfeffer, Vanille, Trüffeln, Hopfenblüten oder Kaffeebohnen auf seiner Liste. Ob ausgefallener Brand oder klassisches Obstdestillat – in der Flasche findet sich »nur Natürliches«, wie Metté betont. Wo möglich, verarbeitet er Obst aus eigenem Anbau, ansonsten kauft er erstklassige Ware zu. Destilliert wird wie zu Großvaters Zeiten in einer kleinen Kupferbrennblase, gelagert im geschmacksneutralen Edelstahl – faßgereifte Brände entsprechen nicht Mettés Vorstellungen, auch modische Ausstattung und Verpackungsdesign hält er für bestenfalls sekundär. Seine einzige Richtschnur ist Qualität – seine Konsequenz darin bescherte ihm zahllose treue Kunden auch aus der internationalen Spitzengastronomie.

Jahresproduktion:	42 000 Liter
Anzahl der Brände:	61
Jahrgangsbrände:	ja
Preisniveau:	☆☆☆
Bezug:	Direktverkauf; Importeur (D): Wein Wolf

SPIRITUEUX DE CAFÉ ARABICA

Aus in Neutralsprit mazerisierten Kaffeebohnen der Premium-Sorte Arabica destilliert (45 %vol, 70 cl).
In der Nase wirken die Kaffeebohnen leichter und frischer als zunächst erwartet – im Geschmack ist der türkische Kaffee dafür um so dominanter; langer Abgang wie pure Mokka-Schokolade. Ein ungewöhnlicher, sehr appetitlicher Genuß und ein außergewöhnlicher Digestif.

SPIRITUEUX DE POIVRE

Aus in hochprozentigen, geschmacksneutralen Alkohol eingelegtem grünen Pfeffer gebrannt (45 %vol, 70 cl).
Rasantes Destillat mit kraftvoll pfeffriger Note, von warmer Fruchtigkeit freundlich abgefedert – wer sein Pfeffersteak scharf liebt, wird dieses Destillat als überraschend sanft empfinden.

SPIRITUEUX D' ORANGE

Üppiges Bukett wie von frisch aufgeschnittenen, saftigen Orangen (Blutorangen?), dazu ein wenig Orangenschalen und -blüten. Am Gaumen volle, wunderbar saftige Frucht, aus der sich schokoladenwürzige Bitternoten entwickeln, die von weihnachtlichen Genüssen träumen lassen.

MEYER

Distillerie Artisanale
Fridolin Meyer
19, Rue Principale
F-67220 Hohwarth, Alsace

Mit einer Jahresproduktion von 150 000 Litern gehört die handwerkliche Destillerie von Fridolin Meyer zu den mittelgroßen Herstellern im Elsaß. Meyer legt Wert auf Tradition: Seine Palette umfaßt hauptsächlich die Elsässer Klassiker, für deren Herstellung er bevorzugt heimisches Obst von den fruchtbaren Hängen der Vogesen verwendet. Die Gärung erfolgt ohne Zusatz von Hilfsmitteln, und destilliert wird in einer kleinen, traditionellen Kupferbrennblase in zwei Schritten. Die Temperatur wird dabei von Brenner Meyer sorgfältig überwacht, um möglichst fruchtbetonte, sortentypische Destillate zu erzielen. Nach längerer Lagerung, die teilweise auch in Eichenfässern stattfindet, kommen die Brände ausgereift in die Flasche und repräsentieren dann exakt das, was sich der Liebhaber Elsässer Brenntradition erhofft: ausdrucksstarke, einfach klassische Eaux-de-vie-des-fruits. Daneben brennt Fridolin Meyer auch schöne Marcs d'Alsace, Tresterschnäpse aus elsässischem Weinbau.

Jahresproduktion:	150 000 Liter
Anzahl der Brände:	13
Jahrgangsbrände:	ja
Preisniveau:	☆☆
Bezug:	Direktverkauf/-versand, Fachhandel, Importeur (D): Keller

FRAMBOISE GRANDE RÉSERVE

Lange gelagerter Himbeergeist aus in hochprozentigem Alkohol ausgelaugten Waldhimbeeren der Vogesenhänge (45 %vol, 70 cl)

Warmes, freundliches Destillat mit blütenbetonter Fruchtnase und fruchtigem, herbe Trockenheit entwickelndem Körper mit dezenter Süße – ein hochadeliger Klassiker.

VIEILLE PRUNE

Aus Elsässer Pflaumen destilliert, einige Jahre im Eichenfaß gelagert (42 %vol, 70 cl).

Bernsteinfarbener Brand mit vollreifem, herb-süßem Fruchtaroma, das sich saftig, würzig und appetitanregend präsentiert. Im Geschmack beweist diese elegante »Alte Pflaume« ihre Klasse mit charaktervoller Kraft und trocken-würzigem, langem Finish.

MONTER

Edelobstbrennerei J. Monter
Wolfgang Maffert
Lothringer Str. 112
D-66780 Hemmersdorf

Im Jahr 1909 machte Johann Monter Ernst. Er baute die von seinem Vorfahren Jakob 1849 im historischen Familiensitz gegründete Brennerei – die bis dato nur die Obstüberschüsse des fruchtbaren Saargaues an der Grenze zu Lothringen verarbeitet und die Wirte der Umgebung mit Hochprozentern beliefert hatte – zu einem ernstzunehmenden Wirtschaftsfaktor aus: mit innovativen Ideen und solider Brennkunst. Heute leitet Urenkel Wolfgang Maffert die Destille, die immer noch mit den von Johann Monter angeschafften, allerdings inzwischen auf den neuesten technischen Stand gebrachten Kupfer-Brennblasen arbeitet. Ähnlich wie sein Vorfahr, der das geheimgehaltene Rezept des preisgekrönten »Monter's Boonekamp« entwickelte, hat auch Wolfgang Maffert erfolgreiche Neuschöpfungen präsentiert. Daneben aber hält er die alten Traditionen hoch und brennt den saartypischen Mispelbrand, ebenso wie die berühmten Mirabelles de Lorraine.

Jahresproduktion:	1000 Liter
Anzahl der Brände:	16
Jahrgangsbrände:	nein
Preisniveau:	☆☆
Bezug:	Direktverkauf/-versand, Fachhandel

MISPEL

Spezialität aus dem im Saarländer Dialekt »Hondsarsch« genannten Kernobst Mispel, doppelt im traditionellen Alambic destilliert (45 %vol, 50 cl).

Kraftvolles Destillat mit komplexem, von erdig-würzigen Tönen dominiertem Aroma mit feinsäuerlichem Akzent; am Gaumen voll, weich, mit frischer Säure.

ALTE PFLAUME

Aus Lothringer Pflaumen zweifach destilliert und ein Jahr im Eichenfaß gelagert (42 %vol, 50 cl).

Hellgoldener Brand mit üppiger Fruchtnase, durch Gewürze, Marzipan und weinige Zitrusnoten ergänzt. Der enorm kraftvolle Geschmack besticht durch seinen komplexen und runden Charakter.

MORAND

Morand
Louis Morand & Cie SA
CH-1920 Martigny

Einer der Kandidaten, die Anspruch auf die »Erfindung« des Williamsbirnenbrandes erheben – zumindest aber die Destillerie, die im Jahr 1953 als erste ein eigenes Markenzeichen zur Bezeichnung ihrer Williams-Destillate eintragen ließ. Die »Williamine« der 1889 von Louis Morand im Schweizer Kanton Wallis gegründeten Destillerie gehört zu den erfolgreichsten Spirituosenmarken der Welt. Das liegt zum einen an der strengen gesetzlichen Regelung im Wallis, die im Zusammenspiel mit den eigenen Ansprüchen des Hauses Morand ein hochwertiges Produkt entstehen läßt, zum anderen aber auch am geschickten weltweiten Marketing, das den Begriff »Williamine« zum Synonym für Schweizer Williamsbrand werden ließ. Die gleiche Sorgfalt bei der Früchteauswahl, der Gärung und der klassischen doppelten Destillation im diskontinuierlichen Kupfer-Brennapparat kommt auch den anderen Morand-Obstbränden zugute. Daneben produziert Morand seit Ende des letzten Jahrhunderts Kräuter- und Fruchtliköre sowie Wein- und Tresterbrände.

Jahresproduktion:	k. A.
Anzahl der Brände:	5
Jahrgangsbrände:	nein
Preisniveau:	☆☆
Bezug:	Direktverkauf/-versand, Fachhandel

WILLIAMINE

Der Klassiker und für viele Kenner das Ideal unter den reinsortigen Birnenbränden aus der englischen Sorte Williams-Christ (43 %vol, 70 cl).
Sauberer Brand mit einem trotz seiner Reife erfrischenden Duft nach Birnen, am Gaumen viel Frucht und Kraft bis in den langen, schönen Abgang.

Weitere empfehlenswerte Brände:

ABRICOTINE (APRIKOSE)
FRAMBOISE (HIMBEER)
COING (QUITTE)
KIRSCH VIEUX
MIRABELLE
PRUNE (ZWETSCHGE)
REINE-CLAUDE
GOLDEN DELICIOUS (APFEL)

MÜLLER

Weingut Max Müller I
Hauptstraße 46
D-97332 Volkach

Zwischen zwei Tortürmen, mitten im mittelalterlichen Städtchen Volkach an der Volkacher Mainschleife, liegt das trutzige, 1692 erbaute Anwesen des Weingutes Max Müller I. Heute bewirtschaftet der agile Rainer Müller in dritter Generation das renommierte Weingut mit 65 Hektar Rebfläche in besten Lagen von Volkach und der Nachbargemeinde Sommerach. Daneben kauft der um neue Vermarktungsideen nie verlegene Franke Trauben zu, die er nach eigenen Vorstellungen ausbaut. Ein kleines Sortiment erstklassiger Obstbrände sollte sein überlegt gestaltetes Programm abrunden. Doch das Destillieren war Müllers Sache nicht. Also verkostete er die Brände einheimischer Kleinbrenner, bis er seine Favoriten fand und im eigenen Keller harmonisierte. Ein Konzept, das aufgeht. Die fränkischen Edelbrände, zu denen auch ein Tresterbrand gehört, sind schöne Beispiele regionaler Brenntradition und finden sich auf den Digestifwagen zahlreicher deutscher und internationaler Spitzenrestaurants.

Jahresproduktion:	2500 Liter
Anzahl der Brände:	6
Jahrgangsbrände:	nein
Preisniveau:	☆☆
Bezug:	Direktverkauf/-versand, Fachhandel

WILLIAMSBRAND

Aus Williams-Birnen der Region um Volkach sortenrein gebrannt (40 %vol, 70 cl).
Feiner Brand mit ausgewogenem Aroma und deutlicher Sortencharakteristik, am Gaumen rund und weich, mit schöner Frucht im betonten Abgang.

MIRABELLE

Von Volkacher Brennern aus regionalem Obst gebrannt (40 %vol, 70 cl).
Doppelbödiges, edles Destillat: Im Duft dominiert ein tiefdunkler, dabei weicher Fruchtton mit erdig-würzigen Akzenten, im Geschmack kontrastiert lebendig-frische Säure den fülligen Geschmack.

Weitere empfehlenswerte Brände:

OBSTLER
ZWETSCHGENWASSER
TRAUBENBRAND VOM SILVANER
TRESTERBRAND

NEUSTADT/ WEINSTRASSE

Brennerei der Staatlichen
Lehranstalt für Landwirtschaft, Wein- und Gartenbau
Breitenweg 77
D-67435 Neustadt/Weinstraße

Im Jahr 1899 im Herzen der »Pfälzischen Toskana«, im Weindörfchen Mußbach, einem Stadtteil von Neustadt an der Weinstraße, gegründete Wein- und Obstbauschule. 1925 erwarb der damalige Direktor Hepp eine Brennereianlage mit dem Ziel, auf dem Gebiet der Destillation zu forschen und die gemachten Erfahrungen weiterzugeben. Heute ist die Brennerei Zentrum und wichtigster Themenschwerpunkt des Obstbauversuchsbetriebes. Auf 10 Hektar Obstgärten finden Versuche nicht nur zu gängigen Obstbrandgrundstoffen wie Apfel oder Birne, sondern auch mit im milden Rheinpfälzer Klima gut gedeihenden Sonderkulturen wie Nashi, Kiwi, Mandeln und Maronen statt. Das Ausgangsmaterial wird vollreif geerntet und sorgfältig eingemaischt, bevor die doppelte Destillation auf einer hochmodernen, diskontinuierlich arbeitenden Brennanlage durchgeführt wird. Dem aktuellen Trend hin zu holzfaßgereiften Bränden wird in einer derzeit laufenden Versuchsreihe Rechnung getragen, in der Apfelbrände in Fässern aus zehn verschiedenen Holz-

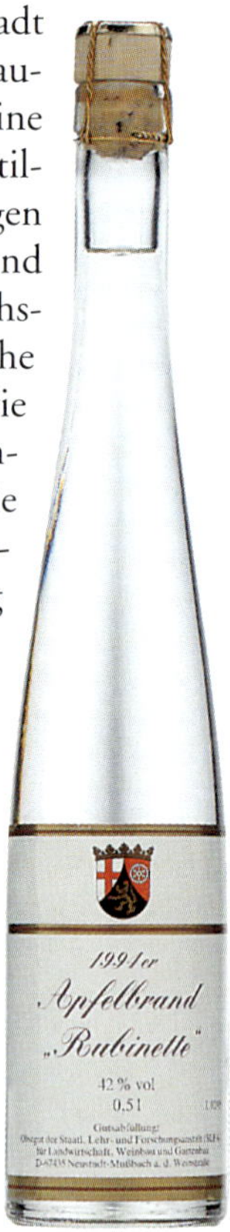

Jahresproduktion:	2000 Liter
Anzahl der Brände:	20
Jahrgangsbrände:	ja
Preisniveau:	☆☆
Bezug:	Direktverkauf/-versand

arten ausgebaut werden. Neben Obstbränden erzeugt die Brennerei auch Liköre sowie Hefe- und Tresterbrände. Die Lehranstalt in Neustadt ist Organisator der Pfälzer Brennertage, die Feintrinkern eine gute Gelegenheit zum tieferen Einstieg ins Thema gibt.

APFELBRAND 1994

Reinsortiger Jahrgangs-Apfelbrand aus der Sorte »Rubinette« (42 %vol, 50 cl).
Gelungenes Destillat mit fröhlich-frechem Apfelaroma: Rassige, herbstlich inspirierte Gewürznoten, komplexer, dabei muskulöser Geschmack mit zarten Säuretönen im weichen, präsenten Schluß.

HOLUNDERGEIST 1994

Aus Holunderberen, direkt nach der Lese in hochprozentigem Alkohol ausgelaugt und gebrannt (42 %vol, 50 cl).
Gut als Aperitif vorstellbar: Ein runder, weicher Brand mit appetitanregendem Bukett und deutlich hervortretendem Kräuteraroma, konsequenter Geschmacksentwicklung Richtung »herb-süß« und fruchtigem, langem Nachklang.

PFIRSICHBRAND 1994

Aus vollreifen Pfirsichen der Pfalz gebrannt (40 %vol, 50 cl).
Reife Frucht beherrscht dieses schöne Destillat mit üppig-saftigem Pfirsicharoma, elegant durch intensive Gewürz- und Kräuternoten flankiert. Am Gaumen vollmundig, durch herbe Sanftheit geprägt bis ins langanhaltende Finish.

NIEDERELBE

Obstgemeinschaftsbrennerei Niederelbe eG
Dollerner Chaussee
D-21720 Guderhandviertel

Vor den Toren Hamburgs, im nördlichsten Obstanbaugebiet Deutschlands, dem »Alten Land«, liegt seit 1969 die Gemeinschaftsbrennerei Niederelbe. Ursprünglich gegründet, um Obstüberschüsse zu verwerten, bemüht man sich seit einigen Jahren mit Erfolg um die Destillation von hochwertigen Obstbränden. Spitzenprodukt ist der selbstironisch »Calvados von der Niederelbe« genannte sortenreine Apfelbrand »Herbstprinz«, der nach der Destillation drei Jahre in gebraucht in Cognac erworbenen Fässern aus Limousin-Eiche reift. Daneben entstehen Kirsch- und Zwetschgenwasser, Williamsbrand, Apfelbrand aus Golden Delicious sowie verschiedene Obstliköre.

ALTLÄNDER APFELBRAND HERBSTPRINZ

Reinsortiger Apfelbrand, drei Jahre in Limousin-Eiche gelagert, Großer DLG-Preis 1993 (40 %vol, 70 cl).
Goldfarben, im Duft überraschend jugendlich-spritzig, mit runden Honigtönen, am Gaumen körperreich, mit kräftigen Holznoten im sehr trockenen Abgang.

Jahresproduktion:	k. A.
Anzahl der Brände:	5
Jahrgangsbrände:	nein
Preisniveau:	☆☆
Bezug:	Direktverkauf/ -versand, Fachhandel

NONINO

Distilleria Nonino
Via Aquileia 104
I-33050 Percoto, Friaul

Allgemeinem Einvernehmen nach eine der besten und bedeutendsten Destillerien Italiens. Vor allem aber kommt Nonino das Verdienst zu, dynamischer Schrittmacher nicht nur für Grappa, sondern auch bei der Entwicklung italienischer Obstbrände gewesen zu sein.
Firmenchef Benito, Urenkel des Gründers Orazio Nonino, und seine Ehefrau Giannola haben das traditionsreiche und renommierte Unternehmen vergrößert, ohne auf die ständig wachsende Nachfrage mit Änderung der klassischen Herstellungsmethode zu reagieren. Nach wie vor werden die Brände von Nonino diskontinuierlich in kupfernen Brennblasen destilliert.
Tradition zu wahren, heißt für die Noninos aber auch, sich neuen technischen Möglichkeiten nicht zu verschließen. Zahlreiche Innovationen im Italien der letzten 30 Jahre gehen auf den Ideenreichtum dieser Brennerfamilie zurück. Anfang der achtziger Jahre etwa setzte sie neue Maßstäbe im Bereich der Traubenbrände: Mit amtlicher Genehmigung wird am 27. 11. 84 erstmals ein »Uè« (das friulanische Wort für »Traube«) gebrannt, ein

NONINO

Jahresproduktion:	k. A.
Anzahl der Brände:	15
Jahrgangsbrände:	ja
Preisniveau:	☆☆☆
Bezug:	Direktverkauf; Importeur (D): Monopole, Kaarst

Destillat aus ganzen Trauben der Sorte Picolit – eine mit Grappa verwandte, aber doch eigenständige, neue Spirituosengattung von Traubenobst. Daneben brennen die Noninos eine Serie von »Frut« genannten Obstbränden aus Kirschen, Himbeeren, Williamsbirnen und Pflaumen.

FRUT DE LAMPONI

Ein Brand aus ausgewählten Himbeeren der Grave und Colli Friulani, bis zu drei Jahren in kleinen Fässern aus wilder Kirsche (Vuisinar) gelagert (43 %vol, 70 cl).

Hellgoldene Farbe, würziges Aroma mit zarten Holztönen, sehr klarer und reiner, dennoch komplexer Duft; weich und warm, in Geschmack und Abgang angenehm, eher dezent.

UÈ DECENNALE

Nach zehn Jahren Lagerung abgefüllte Partie des (1984) ersten offiziell in Italien destillierten Traubenbrandes Uè aus Picolit-Trauben (43 %vol, 70 cl).

Eine bezaubernde Primadonna der Traubenbrände: Durch lange Lagerung harmonisch versammeltes Traubenaroma mit feiner Würze, am Gaumen eine Eruption an Geschmack bis in den langen Abgang.

NUSBAUMER

La Distillerie Artisanale
Joseph Nusbaumer
F-67220 Steige

Einer der Klassiker in dem an traditionellen Destillerien nicht eben armen Elsaß. Noch vor 30 Jahren fuhr der nach wie vor aktive Gründer der Destillerie, Joseph Nusbaumer, mit dem Mofa von seiner am Ende des abgelegenen Villé-Tals in Steige gelegenen Brennerei auf den Markt nach Straßburg, um seine Brände zu verkaufen – heute finden sich seine Destillate auf den Digestifwagen in aller Welt. Für einen Familienbetrieb eine steile Karriere, die auf den überlegten Einsatz moderner Methoden und Brennverfahren gründet. Das Obst stammt, wenn irgend möglich, von elsässischen Obstbauern, die ihre Ware in kleinen, gut zu kontrollierenden Gebinden liefern. Die bis zu drei Wochen dauernde Vergärung erfolgt mit Hilfe von Reinzuchthefen, bevor die Brände in einer modernen Kolonnenanlage destilliert werden. Mindestens zwei Jahre lagern die sauber gebrannten Schnäpse dann in Edelstahltanks, bevor sie mit Hilfe von naturreinem Vogesen-Quellwasser auf Trinkstärke herabgesetzt und abgefüllt werden. Elsaßreisende sollten den Weg nach Steige nicht scheuen, man wird bei Nusbaumer freundlich empfangen und kann die Edeldestillate vor Ort probieren.

Jahresproduktion:	315 000 Liter
Anzahl der Brände:	34
Jahrgangsbrände:	nein
Preisniveau:	☆☆
Bezug:	Direktverkauf; Importeur (D): Asbach

EAU-DE-VIE DE FRUIT VIEILLE PRUNE

Aus Elsässer Pflaumen der Vogesenhänge destilliert und mehrere Jahre im Eichenfaß gelagert (42 %vol, 70 cl).

Wem es gelingt, die widerstandsfähige Versiegelung ohne Wachskrümel im Glas zu öffnen, der findet ein hellblondes Destillat mit runder, sortenreiner Fruchtnase, viel Körper und reifer, milder Pflaumigkeit: ein Genuß!

EAU-DE-VIE DE POIRE WILLIAMS

Klassisches Elsässer Eau-de-vie mit leicht blasiertem Duft nach vollreifer Frucht und einem Hauch Gewürz; kraftvoller Körper, harmonische Süße mit feinem Säurespiel bis in den temperamentvollen Abgang.

Weitere empfehlenswerte Brände:

FRAMBOISE
MIRABELLE
KIRSCH
QUETSCH D'ALSACE
MARC DE MUSCAT

ORTNER

Destillerie Birkenhof
Wolfram Ortner
Im Weingarten 31
A-9546 Bad Kleinkirchheim

Es gibt Leute, die den Österreicher Wolfram Ortner als »Brennerpapst« der Alpenrepublik bezeichnen – ein Ehrentitel, den der Ex-Skistar der Initiierung der internationalen Spirituosen-Fachmesse DESTILLATA verdankt, die er seit fünf Jahren regelmäßig in seinem Kärtner Heimatort Bad Kleinkirchheim organisiert. Daß seine Brände bei Blindverkostungen mitunter hoch dekoriert werden, liegt nicht an Vitamin B(eziehungen), sondern an der Geduld von Ortners Schwiegervater Peter Bogensperger, der für die seit Mitte 1995 erheblich erweiterte Destillerie verantwortlich zeichnet. Nur erstklassige Früchte werden im neuen Betrieb von Hand gewaschen, sortiert, zerkleinert und eingemaischt. Die Maische wird mit Reinzuchthefen in temperaturkontrollierten Tanks vergoren und anschließend langsam destilliert. Nach schonender Filtration wird auf Trinkstärke herabgesetzt und in mundgeblasene Flaschen abgefüllt. Die Zusammenarbeit im Team Ortner/Bogensperger funktioniert so erfolgreich, daß Wolfram Ortner sogar sein Hotel verkaufte, um sich voll und ganz auf das Abenteuer Destillerie einzulassen – mit Erfolg. Daneben entwirft er eine Kollektion mundgeblasener Spirituosen- und Weingläser, die unter dem Namen WOB auf den Markt kommt.

Jahresproduktion:	2000 Liter
Anzahl der Brände:	20
Jahrgangsbrände:	ja
Preisniveau:	☆☆☆
Bezug:	Direktverkauf/-versand

OBST-CUVÉE 93

(38 %vol, 70 cl)
Wohlsortierter Fruchtkorb: Anklänge an Apfel, Birne, Pfirsich und Pflaume harmonieren aufs schönste mit fruchtiger Süße, kraftvoller Würze und zarter Bitterkeit bis in den schwingenden Nachklang.

WILLIAMS 1992

(41,8 %vol, 50 cl)
Eleganter Brand mit verhaltenem, feinwürzigem Williamsbukett, der auf der Zunge an Tempo zulegt und mit kräftigen Gewürznoten und schokoladiger Bittersüße in die Zielgerade einbiegt.

Weitere empfehlenswerte Brände:

REINSORTIGE APFELBRÄNDE DER SORTEN
GRAVENSTEINER,
JONATHAN,
JERSEY MAC,
GOLDEN DELICIOUS,
CHAMPAGNERAPFEL,
COX ORANGE

GOLD-RENETTE-BARRIQUE

GLOSTER-BARRIQUE

WILLIAMS

QUITTE

ZWETSCHGE

MARILLE

WEICHSELKIRSCHE

HIMBEER

BROMBEER

SCHWARZBIER

SCHWARZE RIBISL

PASCALL

Distillerie La Cigogne
F-70220 Fougerolles

Die unter dem Markennamen Pascall in Deutschland angebotenen Obstdestillate der 1864 im Dörfchen Fougerolles der mineralwasserreichen Südvogesen (Départements Haute-Saône) gegründeten Destillerie La Cigogne gehören zu den erfolgreichsten Bränden auf dem deutschen Markt – Pascall La Vieille Prune ist mit Abstand Marktführer. Das liegt nicht zuletzt am hervorragenden Preis-Leistungs-Verhältnis. Nur sorgfältig verlesene, vollreife Früchte regionaler Herkunft werden kontrolliert vergoren, bevor sie in Kupfer-Brennblasen doppelt destilliert werden. Neben Pflaumenbränden entstehen Edelobstbrände auch aus den mit der wilden Pflaume verwandten Mirabellen und Renekloden sowie aus der im fruchtbaren Rheintal besonders gut gedeihenden Williamsbirne.
Die glasklaren, »weißen« Obstbrände lagern über sechs Jahre in innen mit Glas beschichteten Behältern, um optimal ausgereift abgefüllt zu werden, die französische Traditionsspezialität »Vieille Prune« zwischen sechs und acht Jahren in alten Eichenfässern, bevor alle Brände in die unverwechselbare Krugflasche abgefüllt werden.

Jahresproduktion:	k. A.
Anzahl der Brände:	3
Jahrgangsbrände:	nein
Preisniveau:	☆☆
Bezug:	Importeur (D): Borco

LA VIEILLE PRUNE

Aus Vogesen-Pflaumen doppelt destilliert, sechs bis acht Jahre im Eichenfaß gelagert (40 %vol, 70 cl).
Goldfarbener Brand mit interessanter, leicht medizinisch angehauchter Fruchtnase, viel Geschmacksfülle, dabei appetitanregend und sehr sympathisch.

LA VIEILLE REINE CLAUDE

Destillat der nach Königin (»Reine«) Claude von Frankreich benannten Pflaumen-Spielart Reneklode, doppelt im Kupferkessel destilliert und sechs Jahre im Glasballon harmonisiert (40 %vol, 70 cl).
Frühsommerlich-fröhlicher Brand mit hellen, klaren Fruchtaromen, die durch herbe Würze nuanciert sind; dichter, stoffiger Körper mit hochedler Fruchtigkeit bis in den elegant trockenen Abgang.

Weitere empfehlenswerte Brände:

LA VIEILLE MIRABELLE

LA VIEILLE POIRE WILLIAMS

PIRCHER

Cantina Convento/Klosterkellerei
O. Pircher & Co.
Via Feldgatter Weg 4
I-39011 Lana, Bozen

Der größte Edelbrandhersteller Südtirols. 1884 als Klosterkellerei des Deutschorden-Klosters in Lana gegründet, wurde der Weinbaubetrieb 1948 von den Geschwistern Pircher übernommen und um eine Brennerei erweitert, in der zunächst Trester aus der Weinherstellung zu Grappa gebrannt wurden. Seit den sechziger Jahren wird zusätzlich aus bekannt hochwertigen Südtiroler Sorten eine Reihe von Obstdestillaten gebrannt (Markenzeichen »Löwe & Traube«), die zu den beliebtesten Obstbränden in Europa gehören. Die stetig zunehmende Nachfrage zwang zur Betriebserweiterung. Die Räume im Kloster reichten nicht mehr aus, so daß 1980 eine neue Destillerie am Ortsrand errichtet wurde. Zusätzlich wurden 85 Hektar Obstgärten erworben, um die Qualität der Destillate schon vom ersten Schritt an unter Kontrolle zu haben. Jeder Herstellungsschritt, von der strikten Auslese über die Destillation bis hin zur Lagerung, erfolgt nach den traditionellen Methoden Südtirols. Bei allem Geschäftssinn der Pirchers: »Wir haben unsere eigenen Maßstäbe, und die sind sehr hoch.« Neben Obstdestillaten entstehen hier auch Grappa, Magenbitter und Liköre

Jahresproduktion:	1 Mio. Liter
Anzahl der Brände:	8
Jahrgangsbrände:	ja
Preisniveau:	☆☆
Bezug:	Direktverkauf, Fachhandel; Importeur (D): Eggers & Franke

ACQUAVITE DI PERE WILLIAMS

Nach alter Tradition« mit etwas Zucker abgerundetes, reinsortiges Destillat aus Südtiroler Williams-Birnen (40 %vol, 70 cl).
Fruchtbetontes, sortentypisches, aber recht süßes Aromenspiel, das auf der Zunge an Tempo und Kraft zulegt bis ins weiche, warme Finish.

ACQUAVITE DI ALBICOCCHE »MARILLELER«

(40 %vol, 70 cl)
Wer die höchst umständliche und dazu bröselige Wachsversiegelung endlich geöffnet hat, verdient einen guten Schluck: Interessante sortentypische Aprikosennase mit wunderschönen Würztönen (Zimt, Muskat, Koriander) über Fruchtvariationen (Muskatellertraube und Orange), die sich am Gaumen bis in den bittersüßen Abgang intensivieren.

Weitere
empfehlenswerte Brände:

KIRSCH
PFLAUMEN
APRICOT
GOLDEN-DELICIOUS-
APFELBRAND
OBSTLER

POJER & SANDRI

Azienda Agricola Pojer & Sandri
Molini
I-38010 Faedo, Trentino

Weingut-Destillerie, in der neben erstklassigen Grappe auch Trauben- und Obstdestillate entstehen. Eher ein Weingut mit Brennerei oder eine Destillerie mit Rebhängen und Kellerei? Diese Frage stellt sich nur Außenstehenden und nur auf den ersten Blick. Mario Pojer und Fiorentino Sandri, die beiden Shooting-Stars der Trentiner Getränkeszene, haben keine Probleme, ihre beiden Standbeine in Übereinstimmung zu bringen: Zu sehr sind die beiden Winzer, zu sehr destillieren sie professionell in der hauseigenen Brennerei. Der Erfolg der beiden Partner, die sich schon vor 25 Jahren, als Studenten an der Weinbauschule in San Michele all'Adige zusammengetan haben, stellte sich allerdings zuerst mit ihren bei zahlreichen Blindverkostungen erfolgreichen Weinen ein – für die damalige Zeit innovative Rebsorten wie Chardonnay, Sauvignon und Müller-Thurgau, eine Bestockung im Gartenstil und eine auf Aromapräferenz abgestellte Vinifizierung ergaben rassige, dabei duftige Weißweine und stoffige Rosés. Erzeugnisse, die damals völlig aus dem Rahmen fielen, heute aber als Prototypen des international so geschätzten »Trentino«-Stils gelten. Parallel dazu begannen die beiden mit der Destillation, die an der Weinbauschule von San Michele vorbildlich gelehrt wurde. Ihre Destillate – neben Obst- und Traubendestillaten auch Grappe aus eigenem Trestergut – gehören zu den besten Produkten ihrer Art in Italien.

Jahresproduktion:	k. A.
Anzahl der Brände:	4
Jahrgangsbrände:	ja
Preisniveau:	☆☆☆
Bezug:	Direktverkauf; Importeur (D): Dallmayr

Acquavite di Ciliege 1990

(46 %vol, 75 cl)
Originelles Kirschdestillat mit frisch-rundem Fruchtduft mit Anklängen an Tomate, Paprika und Küchenkräuter. Im Geschmack steigert sich sehr präsente Kirsche hin zu hellen Gewürz- und Bitternoten.

Acquavite di Mele Cotogne 1989

In limitierter Auflage von 2037 Flaschen abgefüllter Jahrgangs-Pfirsichbrand (46 %vol, 75 cl).
Herb-würziges Destillat mit feinen Anklängen an Holz, Erde und Blüten, am Gaumen sehr fruchtig, anfangs süß, mit sich steigernden Bitternoten.

Weitere empfehlenswerte Brände:

AQUAVITE DI LAMPONI (HIMBEER)

RIBES NERO (SCHWARZE JOHANNISBEERE)

GRAPPA

POLI

Distilleria Poli
Schiavon
I-36060 Vicenza, Venetien

Das Haus Jacopo Poli genießt nicht nur in Italien allerhöchste Anerkennung. Speziell die internationale Spitzengastronomie möchte die feinen Brände in ihren edlen Kristallflaschen nicht mehr missen. Das war nicht immer so: Der 1898 von Großvater Giobatta Poli gegründete Betrieb war bis Anfang der achtziger Jahre bestenfalls für zwar gute, aber alltägliche Produkte bekannt. Den Trend zu Nobeldestillaten hatten die Polis schlicht und einfach verschlafen. Bis Jacopo und seine Geschwister das Ruder radikal herumrissen: Statt rauher Brände waren nun höchste Qualität und ausgesprochene Weichheit angesagt. Der Erfolg, zuerst mit der Herstellung von erstklassigen Grappe, seit einigen Jahren auch mit Obstdestillaten, gibt den Polis recht. Ihre kupferne, vom Vater konstruierte Brennblase funktioniert diskontinuierlich mit Dampf (unter strikter Temperaturkontrolle) und läßt sich je nach Brenngut modifizieren. Bei den Traubendestillaten, die als Serie »Chiara« in den Handel kommen, beschränkt sich das Haus auf rebsortenreine Maischen der aromastarken Rebsorten Fragola, Muskateller und Tocai Rosso. Die Obstdestillate stammen aus Kirschen,

Jahresproduktion:	k. A.
Anzahl der Brände:	8
Jahrgangsbrände:	ja
Preisniveau:	☆☆☆
Bezug:	Direktverkauf; Importeur (D): Wein Wolf

Himbeeren sowie Birnen, die vollreif geerntet wurden und als Linie »Stagione« (Jahreszeiten) in den Handel kommen.

Stagione di Lamponi

(42 %vol, 50 cl)
Selbstbewußter, in seiner klaren Struktur beeindruckender Brand mit üppigem Aroma nach Himbeeren und leicht floralen Noten, am Gaumen intensiv mit tiefer Fruchtfülle und dezent-bittersüßen Tönen, die sich in den langen, warmen Abgang hinein fortsetzen.

Stagione di Ciliege di Marostica 1994

(42 %vol, 50 cl)
Eleganter Kirschenbrand mit verhalten-würzigem Fruchtaroma, das sich am Gaumen kraftvoll auffrischt und neben runder Süße auch markante Bitterkeit mit Anklängen an Schokolade, Beeren und Trockenobst entwickelt.

Stagione di Pere 1994

Reinsortiger Williams-Birnenbrand, im September 1994 in limitierter Auflage von 2520 Litern destilliert (43 %vol, 50 cl).
Unsere Probe Nr. 222: Zurückhaltend-elegantes Destillat, dessen vollreife Aromafülle sich erst nach und nach entwickelt, zum Abschluß trockener werdend.

PREISS

Distillerie Artisanale
Theo Preiss
8, Rue du Chateau
F-68630 Mittelwihr-Bennwihr, Alsace

Im ursprünglich gebliebenen Elsässer Winzerdorf Mittelwihr liegt die wie eh und je handwerklich betriebene Destillerie Theo Preiss, die sich heute im Besitz von Destillateur Jacques Bresch und seinem Partner André Thuet befindet. Jedes Jahr nach der Obsternte erwacht der ruhige Komplex zu quirligem Leben,

Die Destillerie Theo Preiss

Jahresproduktion:	k. A:
Anzahl der Brände:	6
Jahrgangsbrände:	nein
Preisniveau:	☆☆
Bezug:	Direktverkauf; Importeur (D): Eimann, Düsseldorf

wird in der Region geerntetes oder aus spezialisierten Anbaugebieten stammendes Obst angeliefert, aussortiert, eingemaischt und nach der Fermentation in den kleinen Kupferbrennblasen nach Charentaiser Vorbild im Wasserbad gebrannt. Der Rest des Jahres gehört der Lagerung und der Vermarktung der ausgereiften Eaux-de-vie: Produkte von Theo Preiss finden sich an Bord der »Air France«-Concorde ebenso wie in Pariser Luxusfeinkostgeschäften und europäischen Spitzenrestaurants.

EAU-DE-VIE DE POIRE WILLIAM

Aus Williamsbirnen der Regionen Rhonetal und Angers, doppelt destilliert und längere Zeit harmonisiert (45 %vol, 70 cl).
Reiner, klar strukturierter Williams mit tiefer Fruchtnase und muskulösem, sehr sortenbetontem Körper: hochedel!

EAU-DE-VIE DE MIRABELLE

Destillat aus Mirabelle der Lorraine, im Charentaiser Alambic im Wasserbad destilliert (45 %vol, 70 cl).
Feinfühliger Muskelmann mit herb-fruchtigem Aroma und Anklängen an Marzipan, Nuß, Orange, Zimt; enorme Kraftsteigerung am Gaumen, die in weicher Wärme und angenehm vielschichtiger Fruchtbetonung ausklingt.

PROBST

Weingut Eckhard Probst
Schleifsteinhof 2
D-79219 Staufen-Grunern

Mitten in den Weinbergen der südbadischen Anbauregion Markgräflerland, im kleinen Ort Grunern, liegt das Wein- und Obstgut Probst. Acht Hektar Weinberge und einige Obstgärten liefern das Rohmaterial zur Erzeugung regionaltypischer Weine und badischer Obstbrände, die seit mehr als 25 Jahren in der hauseigenen Brennerei destilliert werden. Die besondere Liebe von Brenner Probst gilt seinen »Goldvados« – reinsortige Apfelbrände aus Golden Delicious, die nach zweimaliger Destillation im diskontinuierlichen Kupferalambic länger als ein Jahrzehnt in Glasballons lagern, bevor sie zur Farb- und Aromaerweiterung vier Jahre ins Eichenfaß kommen. Neben Obstbränden werden auch Weinhefe, Tresterbrände und Liköre hergestellt.

Weingut und Destillerie Probst im Markgräflerland/Baden

Jahresproduktion:	300 Liter
Anzahl der Brände:	8
Jahrgangsbrände:	nein
Preisniveau:	☆☆
Bezug:	Direktverkauf/-versand

ZWETSCHGENWASSER

Aus badischen Spätzwetschgen, doppelt destilliert und drei Jahre in Glasballons, anschließend zwei Jahre im Eichenfaß gelagert (42 %vol, 50 cl).
Hellgolden, mit fülligen, sehr sympathischen Pflaumenaromen mit floral-würzigen Aspekten (Teerose, Gewürznelke) und fruchtbetont-rundem Körper. Delikat!

GOLDVADOS

Vor 20 Jahren destillierter, sortenreiner Brand aus Golden Delicious, 12 Jahre in Glasballons, anschließend im Eichenfaß gelagert (42 %vol, 50 cl).
Wie ein langer, leidenschaftlicher Kuß verwöhnt dieses goldfarbene Destillat mit reifer, voller Frucht und kräftiger Süße bis in den sanften Abgang.

Weitere empfehlenswerte Brände:

MIRABELLE
ZWETSCHGE
SAUERKIRSCH
WILLIAMS
GOLDEN-DELICIOUS-APFELBRAND
WEINHEFE
TRESTER
MARC AUS SPÄTBURGUNDER
KRÄUTERBRAND

PSENNER

Destillerie L. Psenner SrL
Bahnhofstraße/Via Stazione 1
I-39040 Tramin

Älteste, 1947 von Ludwig Psenner auf Schloß Rechental bei Tramin an der Südtiroler Weinstraße gegründete Williams-Brennerei Italiens. Ursprünglich widmete sich Psenner nur der Destillation von Grappe – bis ihm eine Schweizer Brennerei das Know-how für die Destillation der besonders gut zum Brennen geeigneten Südtiroler Birnen zur Verfügung stellte. In eigenen, 70 Hektar großen Obstanlagen wächst die Rohware für Psenners bekanntestes Produkt, das auch in der Variante mit Birne in der Flasche angeboten wird. Daneben werden in den kupfernen Alambics weitere Obstsorten sowie rebsortenreine Grappe gebrannt und Liköre hergestellt.

Jahresproduktion:	350 000 Liter
Anzahl der Brände:	7
Jahrgangsbrände:	ja
Preisniveau:	☆☆
Bezug:	Direktverkauf, Fachhandel; Importeur (D): Eggers & Franke

ACQUAVITE DI PERE WILLIAMS

Aus Südtiroler Williamsbirnen im Wasserbad-Alambic destilliert (40 %vol, 70 cl).
Fleischiges Birnendestillat, dessen angenehm komplexes Bukett an sorgsam abgeschmecktes Obstkompott erinnert. Viel Biß am Gaumen mit kraftvoller, sehr lang anhaltender Süße.

ACQUAVITE DI APRICOT »SERIE EXCLUSIV« 1992

Brand aus Südtiroler Aprikosen, diskontinuierlich in der Wasserbad-Kupferbrennblase destilliert (43 %vol, 50 cl).
Lebensfrohes Destillat mit reifer, von Kräutertönen ergänzter Fruchtnase und lebendig-hellem Geschmack nach Aprikosen.

Weitere empfehlenswerte Brände:

SERIE »EXCLUSIV« WILLIAMS
APRICOT
MARILLENBRAND
OBSTLER
GRAPPA DI GEWÜRZTRAMINER
GRAPPA DI LAGREIN

REICHER

Johann Reicher
Kleinpetersdorf 55
A-7503 Großpetersdorf

Seit 20 Jahren brennt der Südburgenländer Johann Reicher, im Hauptberuf Bankangestellter, das Obst seiner ererbten Streuobstwiesen und Gärten. Eigentlich nur ein Hobby, aber Reicher packt das, was er tut, gleich professionell an. Er brennt ausschließlich, was im jeweiligen Erntejahr besonders gut gediehen ist und im Zeitpunkt der Vollreife geerntet wurde; besonders interessieren ihn dabei Wildfrüchte und -beeren. Nur 100 Liter Hochprozenter dürfen jedes Jahr aus dem kleinen Kupferkessel fließen – da kann sich Reicher ein besonders kritisches Augenmerk auf die Rohware leisten.
Kontrollierter Gärverlauf und langsame Destillation bei Niedrigtemperatur sind weitere Eckpfeiler einer hochklassigen Strategie. Bei der Lagerung wird gerne experimentiert – Fässer aus Kirsch-, Zwetschgen- und Eschenholz stehen im Keller des dörflichen Anwesens. Um seinen edlen Bränden zu einem nicht weniger edlen Design zu verhelfen, gewann Johann Reicher den ebenfalls in Kleinpetersdorf ansässigen Künstler Dr. Rezner für die Etikettengestaltung.

Jahresproduktion:	100 Liter
Anzahl der Brände:	5–8 (jahrgangsabhängig, ältere Qualitäten vorhanden)
Jahrgangsbrände:	ja
Preisniveau:	☆☆
Bezug:	Direktvertrieb/-versand

HAUSZWETSCHGEN BRAND 1989

Aus einer alten, für das Südburgenland typischen Wildpflaumenart, im Zwetschgenholzfaß gereift (43 %vol, 50 cl).
Deutliche Frucht im Duft, von würzigen Sekundäraromen unterstützt, führt zu jugendlicher, ausdrucksstarker Frische am Gaumen, die im versammelten Abgang an Wärme gewinnt.

OTHELLO TRAUBEN BRAND 1991

Im Oktober 1991 geerntete, nicht veredelte Traubensorte aus eigenem Anbau (45 %vol, 50 cl).
Eigenwilliges Destillat mit verhaltenem, gewürztönigem Aroma, mittelschwer mit aufkommender Traubigkeit im kräftigen Abgang: ein wunderschöner Individualist.

Weitere empfehlenswerte Brände:

APFELBRAND-CUVÉE
SPECKBIRNE
WEINGARTEN-PFIRSICH
VOGEL-WILDKIRSCH
SCHWARZER HOLUNDER
SCHLEHEN
PFLAUMENBRAND-CUVÉE
WEICHSELKIRSCHE
QUITTE
SORTENREINE APFELBRÄNDE
AUS ILZER ROSENAPFEL
KRUMMSTIEL
GRAVENSTEINER

SCHLOSS RHEINBURG

Obst- und Weingut Rheinburg
D-78262 Gailingen am Hochrhein

Anfang der achtziger Jahre entdeckte die Saarbrücker Fabrikantengattin Elke Groß bei einem Besuch in ihrer Bodensee-Heimat die zwar heruntergekommene, aber idyllisch am Hochufer des Rheins gelegene Gründerzeit-Villa »Schloß Rheinburg« und deren Möglichkeiten: Hatten die zum Anwesen gehörenden Ufer-Steilhänge doch einstmals zu den besten Weinbergen des badischen Bodensees gezählt. 1981 begann die Renovierung des Schlößchens und die Rekultivierung der Rebanlagen – heute gehören die eleganten Weine von Schloß Rheinburg zu den interessantesten Newcomern im traditionsreichen deutschen Weinbau. Konsequent erwarb Elke Groß für die Früchte ihrer weitläufigen Obstgärten ein 300-Liter-Brennrecht und investierte in eine moderne High-Tech-Brennanlage aus Kupfer mit schonender Wasserbad-Beheizung. Wie bei den Weinen paart sich nun auch in den Rheinburg-Destillaten saubere, auf alten Traditionen beruhende Herstellung mit Pioniergeist bei der Lagerung – hier läßt sich ständig Neues entdecken.

Jahresproduktion:	300 Liter
Anzahl der Brände:	6
Jahrgangsbrände:	ja
Preisniveau:	☆☆
Bezug:	Direktverkauf/-versand

TRAUBENBRAND

Aus entrappten Spätburgundertrauben des Jahrgangs 1993 gebrannt (43 %vol, 70 cl).

Ausgesprochen schöner Traubenbrand mit heller Aromafülle des Pinot Noir, durch florale Anklänge an Rebblüte und Veilchen akzentuiert, am Gaumen stoffig, saftig, rund, im Nachklang von dezent-herber Süße: zu Recht ein »Schloßbewohner«!

OBSTWASSER

Aus den Äpfeln und Birnen des Obstgutes Schloß Rheinburg, in Edelstahl harmonisiert (45 %vol, 70 cl).

Auf klassische Art lebendiger, dabei vornehmer Obstler mit sauberer Fruchtnase und gekonnt komponierter Harmonie zwischen Frucht, Süße und Bitterkeit.

WILLIAMS CHRIST BIRNE

Sortenreiner Birnenbrand aus Williams-Christ-Birnen eigenen Anbaus (43 %vol, 70 cl).

Sauber gebranntes Destillat mit elegant-zurückhaltendem Williams-Ton, mittelschwerem Körper mit reiner Fruchtnote und zarter Bitterkeit im Finish.

Weitere empfehlenswerte Brände:

SCHATTENMORELLEN-KIRSCHWASSER

APFELBRAND AUS DEM MAULBEERFASS

TRAUBENBRAND AUS DER TRONÇAIS-EICHE

WALNUSS-LIKÖR

ROUYER

Auguste Rouyer
F-67333 Dieffenbach au Val, Alsace

Seit vielen Generationen im Familienbesitz befindliche Destillerie, die sich auf das klassische Elsässer Programm mit den fünf Sorten Williams, Mirabelle, Framboise, Kirsch und Vieille Prune beschränkt. Das Obst hierfür stammt aus regionaler Produktion und wird ohne Zusatz von Gärhilfen fermentiert und anschließend gebrannt. Die Lagerung findet nach traditioneller Elsässer Methode in lasierten Ton- oder Glasgefäßen statt. Lediglich der Vieille Prune, ein goldgelber Pflaumenbrand, reift einige Jahre in Eichenfässern.

EAU-DE-VIE DE MIRABELLE

Kernobstbrand aus Elsässer Mirabellen, im lasierten Tongefäß harmonisiert (43 %vol, 70 cl).
Würziger Mirabell mit dunklem Timbre und Anklängen an Aprikosen und Pflaumenkompott, auf der Zunge stoffig-dicht mit auffrischender Frucht im langen Abgang: Charakterkopf!

Jahresproduktion:	k. A.
Anzahl der Brände:	5
Jahrgangsbrände:	nein
Preisniveau:	☆☆
Bezug:	Direktverkauf; Importeur (D): Bacardi Deutschland

EAU-DE-VIE DE KIRSCH

Ohne Zusatz von Zucker nur aus ohne Stiel und Stengel vergorenen Elsässer Kirschen destilliert, lange in lasierten Tongefäßen ausgereift (43 %vol, 70 cl).

Gefühlvoller Kirsch mit sanftem, tieftönigem Duft nach vollreifen Früchten, klar durchstrukturiert mit festem Körper, der erst allmählich weiche, schokoladige Bitternoten freigibt.

EAU-DE-VIE DE POIRE WILLIAMS

Reinsortiger Brand aus Williams-Christ-Birnen der Vogesenhänge (40 %vol, 70 cl).

Typischer Vertreter Elsässer Williams-Tradition: sortentypisches, verhalten süßes Birnenaroma, volle Kraftentwicklung am Gaumen, die mit sanften Bittertönen ausklingt.

Weitere empfehlenswerte Brände:

VIEILLE PRUNE
FRAMBOISE

RONER

Destillerie Roner S.r.l.
Via Josef von Zallinger 30
I-39040 Tramin/Termeno

Unmittelbar nach dem Zweiten Weltkrieg von Gottfried Roner gegründete Brennerei, die sich heute im Besitz der Roner-Witwe Luisa und ihrer Kinder befindet. Die ursprünglich mit lediglich einer Brennblase arbeitende Kleinbrennerei hat sich zu einem Unternehmen gemausert, in dem täglich (!) bis zu 45 000 Kilogramm Obstmaische destilliert werden – Roner ist italienischer Marktführer bei Fruchtdestillaten. Mit führend sind die Roners auch beim Streben nach Qualität und Umweltverträglichkeit: Neben einem strikten betriebsinternen Kontrollsystem verfügt Roner als erste italienische Brennerei über eine umweltfreundliche Dampfkesselanlage nach EG-Empfehlung. Das Obstbrandsortiment von Roner ist breit gefächert: Neben den traditionellen Bränden aus regional angebautem Obst wie Äpfeln oder Williamsbirnen werden Raritäten aus rumänischen Himbeeren und Schwarzwälder Kirschen gebrannt, die in luxuriöser Ausstattung auf den Markt kommen. Daneben entstehen Grappe und Grappaliköre.

Jahresproduktion:	500 000 Liter
Anzahl der Brände:	8
Jahrgangsbrände:	ja
Preisniveau:	☆☆
Bezug:	Direktverkauf/-versand; Importeur (D): Bavaria Import

Framboise

(42 %vol, 70 cl)
Feines Destillat mit komplexer, »gelber« Aromastruktur: Neben Himbeere auch Banane, Pfirsich, Aprikose, Gewürze und Rosen, am Gaumen eine Explosion an Himbeer, bis sich zum Abgang hin hellere, rosentönige Eindrücke durchsetzen.

Kirsch

(42 %vol, 70 cl)
Cremig-sanfter Brand mit viel Fruchtcharakter, im Geschmack auffrischend bis in den zartbitteren Abgang.

Williams

(42 %vol, 70 cl)
Wuchtiges Destillat, dessen reiche Frucht von strengen, medizinisch anmutenden Tönen (Phenol?) überlagert wird. Auf der Zunge enthüllt sich tiefes, sehr kraftvolles Birnenaroma, das dezent-süß nachklingt.

Weitere empfehlenswerte Brände:

GRAPPA BIANCA
RONER RARITAS
SORTENREINE GRAPPE AUS SAUVIGNON BLANC
GEWÜRZTRAMINER

ROVERO

Fratelli Rovero di Franco Rovero & C.
216, San Marzanotto
I-14050 Asti

Eine kleine Brennerei (lediglich zwei diskontinuierlich arbeitende Alambics mit Wasserbad-System), die von Franco und Claudio Rovero im Weingut »Cascina Il Milin« betrieben wird. Obstbrennen – eine Familientradition, seit der Urgroßvater der Roveros mit seiner mobilen Destille von Obstgut zu Obstgut zog, um nach der Ernte von Oktober bis Januar die Obstmaischen zu brennen. Heute destillieren die vier Rovero-Geschwister zwei Obstbrände aus den Früchten des eigenen Obstgarten sowie Traubenbrände und Grappe. Zum Gut der Fratelli Rovero gehört auch ein Restaurant, zu dessen piemontesischen Spezialitäten neben dem Aquaviva auch der Aprikosenbrand und die rebsortenreinen Grappe der Roveros passen.

»Aquaviva« Acquavite di Mele

(43 %vol, 50 cl)
Bestens im Saft steht dieser wunderschöne Brand mit würzig-zimtig abgesetzter Apfelnase und muskulösem Körper, dessen Geschmacksfülle unerschöpflich scheint.

Jahresproduktion:	k. A.
Anzahl der Brände:	2
Jahrgangsbrände:	nein
Preisniveau:	☆☆☆
Bezug:	Direktverkauf; Importeur (D): Macha

RÜTTER

Destillerie Rütter AG
CH-6212 St. Erhard, Luzern

Schweizer Traditionsdestillerie, 1884 vom Gastwirt und Brenner Bernhard Rütter in seinem Gasthaus St. Erhard gegründet. Seit 1985 ist mit Bernhard und Joseph Rütter die vierte Generation verantwortlich. Die beiden Firmenchefs setzen auf Expansion, Zeitgeist, moderne Technologie und Verpackungsästhetik, ohne deshalb die vom Urgroßvater ererbten Qualitätsvorstellungen aus den Augen zu verlieren.
Das sorgfältige Verlesen und schonende Einmaischen ist ebenso selbstverständlich wie die Destillation in der diskontinuierlichen, mit Dampf betriebenen Hafenbrennanlage aus Kupfer. Für Brände aus vergorenem Saft verfügt Rütter zusätzlich über eine kontinuierliche Kolonnenbrennanlage, die allerdings für die hochwertigen Obstbrände nicht zum Einsatz kommt, sondern in Überschußjahren der ebenfalls zu Rütter gehörenden Mosterei zur Herstellung von Monopolsprit dient. Mit örtlichem Quellwasser werden die im Edelstahl gelagerten Edelbrände nach der Harmonisierung auf Trinkstärke herabgesetzt, sodann filtriert und abgefüllt.

Jahresproduktion:	k. A.
Anzahl der Brände:	6
Jahrgangsbrände:	nein
Preisniveau:	☆☆
Bezug:	Importeur (D): Frankhof

KIRSCH »PRESTIGE«

Aus Brennkirschen ausschließlich Schweizer Herkunft destilliert, lange Lagerung (43 %vol, 50 cl).
Sahnig-weicher Kirschbrand mit angenehmer Reife im leicht kräutertönigen Aroma, kräftiger Körper mit schokoladigen Bittertönen und sich zunehmend ausprägender Fruchtcharakteristik.

WILLIAMS »PRESTIGE«

Reinsortiges Destillat aus Williams-Birnen des Kantons Wallis (43 %vol, 50 cl).
Eleganter Brand mit schmeichel-weicher Nase, am Gaumen kraftvoll mit ausgewogenem Verhältnis zwischen Frucht, Süße und herben Bitternoten.

Weiterer empfehlenswerter Brand:

FRAMBOISE SAUVAGE

SCHÄTZLE

Gebhard Schätzle & Söhne OHG
Hauptstraße
D-78586 Deilingen

Bis ins Jahr 1893 läßt sich die Brenntradition der Familie Schätzle zurückführen, doch erst seit 1929 wird auf der Hochfläche der Schwäbischen Alb, im Weiler Deilingen – genauer gesagt im Gasthof Löwen –, professionell destilliert. Heute wie gestern erfolgt die Herstellung von Edelbränden diskontinuierlich in der Kupferbrennblase. Mittlerweile verfügt man allerdings über drei Anlagen, die in der vierten Generation von Uwe Schätzle betrieben werden. An die sechzig alkoholische Erzeugnisse entstehen bei Schätzle, darunter auch faßgereifte Weinbrände.

WALDHIMBEERGEIST

Aus unvergorenen, in Weingeist mazerisierten Waldhimbeeren diskontinuierlich gebrannt, Großer DLG-Preis (45 %vol, 70 cl).
Sympathischer Brand mit verlockendem, leicht süßem Himbeeraroma, das sich am Gaumen vertieft und erdig-herbe Noten hinzugewinnt.

Jahresproduktion:	k. A.
Anzahl der Brände:	7
Jahrgangsbrände:	ja
Preisniveau:	☆☆
Bezug:	Direktverkauf/-versand

SCHEIBEL

E. Scheibel Schwarzwald-Brennerei GmbH
Grüner Winkel 32
D-77876 Kappelrodeck

Seit drei Generationen brennen die Scheibels im idyllischen Ortenau-Städtchen Kappelrodeck am Rande des Schwarzwaldes ihre Obstbrände. Heute sind Martina und Michael Scheibel für das Haus verantwortlich und haben die Gratwanderung zwischen dem Festhalten an alter Brenntradition und dem Wunsch, modernen Verbrauchererwartungen zu entsprechen, erfolgreich gemeistert.
Die alte Handwerkskunst der Obstbrennerei halten sie mit dem nach fünf Jahren Planung erst 1991 eingeweihten Brennsystem »Alte Zeit« aufrecht – einer diskontinuierlichen Destillieranlage mit zwei kleinen, lediglich 250 Liter Maische fassenden Wasserbad-Kupferkesseln, die wie zu Urväterzeiten über offenem Feuer beheizt werden. Aber auch die anderen Brände der Kappelrodecker entstehen in kupfernen, allerdings 550 Liter fassenden Brennblasen, bevor die neuen Destillate durch drei Kondensationsböden abgeleitet und je nach Sorte in Edelstahl- oder Tontanks sowie Eichen- bzw. Eschenfässern gelagert werden.
Originelle, von Fritz Kreis in der kleinsten Kunstglashütte Europas geschaffene Karaffen der Serie »Galerie«, Künstleretiketten bei der Serie »Vernissage«, filigranes, mundgeblasenes Buntglas der Linie »Art« . . . mehr als 15 verschiedene Ausstattungsvarianten verleihen den erstklassigen Bränden auch ästhetischen Reiz.

Jahresproduktion:	430 000 Liter
Anzahl der Brände:	22
Jahrgangsbrände:	ja
Preisniveau:	☆☆☆
Bezug:	Fachhandel

ZIBÄRTLE-BRAND

»Zibärtle« werden die wilden Pflaumen des westlichen Hochschwarzwaldes genannt; im Wasserbad-Brennapparat »Alte Zeit« doppelt destilliert und fünf Jahre in Eschenholzfässern gelagert (45 %vol, 70 cl).

Freundlich-heller Brand mit ausgeprägt sauberer Pflaumennase, die durch Gewürztöne und etwas Marzipan Tiefe erhält. Zum Schluß hin auffrischend.

SCHLEHENGEIST

Aus wildgewachsenen, erst nach dem ersten Frost geernteten Vogesen-Schlehen, mit Weingeist mazerisiert und doppelt destilliert, zwei bis drei Jahre in kleinen Fässern gelagert (43 %vol, 70 cl).

Begeisterndes Destillat mit elegant-trockener Fruchtnase, durch warme, »animalische« Töne akzentuiert. Am Gaumen süße Kraft mit Nachbrenner-Effekt.

Weitere empfehlenswerte Brände:

KIRSCH
WILLIAMS
ZWETSCHGE
MIRABELL
PFLÜMLE
APFEL
OBSTLER
APRIKOSE
SAUERKIRSCH
HIMBEER
ERDBEER

SCHLADERER

Alfred Schladerer
Alte Schwarzwälder Hausbrennerei
Alfred-Schladerer-Platz 1
D-79219 Staufen im Breisgau

Seit einhundertfünfzig Jahren gehört die Staufener Brennerei Schladerer zu den führenden Erzeugern hochwertiger Obstbrände – seit der Gastronom Sixtus Schladerer 1844 in den traditionsreichen Gasthof Kreuz-Post einheiratete und sein erstes »Chriesiwässerli« brannte. Dieses mit 50 %vol feurige Kirschwasser wurde schnell zum Qualitätsbegriff im Schwarzwald und darüber hinaus. 1922 gab Alfred Schladerer den Gasthof auf und setzte voll und ganz auf den Ausbau seiner Brennerei, für die schon 1939 die heute noch typische »Schladerer-Flasche« patentiert wurde. Derzeit leitet Nicolaus Ullmann-Schladerer die Firma, die sich »Qualität zu einem reellen Preis« auf die Fahne geschrieben hat. Nach wie vor wird Chriesiwässerli gebrannt – nicht die einzige Form von Traditionspflege.
Zwar kauft Schladerer auch fertige Destillate erster Güte bei zahlreichen Schwarzwälder Kleinbrennern hinzu, das Herzstück des Hauses aber ist der Brennraum mit seinen kupfernen Brennblasen, in denen die Schladerer-Destillate nach traditionellen Methoden doppelt destilliert werden. Mindestens zwei Jahre reifen die Brände anschließend in großen Edelstahltanks oder in kleinen Fässern aus Eschenholz (Kapazität des Faßkellers: 100 000 Liter), bevor die Obstbrand-Cuvées, die den Schladerer-Bränden ihren von Jahrgängen und Erntequalität unabhängigen,

Jahresproduktion:	1,5 Mio. Liter
Anzahl der Brände:	15
Jahrgangsbrände:	ja
Preisniveau:	☆☆
Bezug:	Fachhandel, Versand, Gastronomie

wiedererkennbaren Geschmack verleihen, zusammengestellt, harmonisiert und abgefüllt werden können. Neben den alteingeführten Sorten arbeitet man bei Schladerer regelmäßig an Neukreationen wie etwa hochwertigsten Obst-Cuvées und Traubenbränden, von denen man sich einen ähnlichen Erfolg erhofft wie von dem 1957 (als erster sortenreiner Birnen-Brand auf dem deutschen Markt überhaupt) eingeführten Williams-Christ-Destillat.

WILLIAMS-BIRNE

Sortenreine Williams-Christ-Cuvée verschiedener Jahrgänge aus Birnen italienischer und französischer Herkunft, in Südtirol eingemaischt und in Staufen zweimal nach traditioneller Methode gebrannt (40 %vol, 70 cl).

Exzellentes Destillat mit ausdrucksstarkem, sortenreinem Aroma, klar als Birnenbrand strukturiert, im Mund kraftvolle Würze mit leichten Bitternoten und warmem, rundem Abgang.

HIMBEERGEIST

Überwiegend aus Rumänien und Ungarn stammen die wildgewachsenen Waldhimbeeren, die vollreif in Weingeist mazerisiert und anschließend doppelt destilliert wurden (42 %vol, 70 cl).

Ansprechender Brand mit hellem, sortentypischem Duft und angenehmer Süße bis in den zartbitteren Nachklang.

ECHTES SCHWARZWÄLDER KIRSCHWASSER

Aus der Raritäten-Serie: als Jahrgangskirschwasser aus Brennkirschen rein Schwarzwälder Herkunft doppelt destilliert und nahezu 10 Jahre im Eschenholzfaß gereift (43 %vol, 70 cl).
Reifer, sehr komplexer Duft mit würzig-grasigen Noten, aber auch buttriger Nussigkeit, im Geschmack erstaunlich frisch, dabei rund und weich, mit angenehm samtig-bitterem Abgang.

Weitere empfehlenswerte Brände:

MIRABELL
ZWETSCHGENWASSER
OBSTWASSER
CHRIESIWÄSSERLI
PFLÜMLIWASSER
APRIKOSENGEIST
SCHLEHENGEIST
BROMBEERGEIST
HEIDELBEERGEIST
JOHANNISBEERGEIST
MARKGRÄFLER SAUERKIRSCHBRAND
ZIBÄRTLE
GEWÜRZTRAMINER-TRAUBENBRAND

SILBERBERG

Weinbauschule Silberberg
Kogelberg 16
A-8430 Leibnitz

Seit 1895 dem österreichischen Bundesland Steiermark gehörende Weinbauschule im Weinörtchen Leibnitz mit mehreren hundert Hektar Landbesitz. Hier werden neben Weinen auch Essig, Fruchtsäfte – und natürlich Obstbrände erzeugt. Für die zum Silberbergschen Landesweingut Remschnigg gehörende Kleinverschlußbrennerei zeichnet Brennmeister Johann Thünauer verantwortlich. Wahlweise im traditionellen Doppelbrennverfahren oder in einem Arbeitsschritt mit Kolonnenverstärker können die Obstbrände in der kleinen, aber hochmodernen 140-Liter-Brennanlage erzeugt werden. Auf Remschnigg wird zur Gänze nach biologisch-ökologischen Gesichtspunkten gearbeitet, was dem vollreifen, gesunden Obst wie der Qualität der Silberberger Destillate zugute kommt. Neben Obstbränden entstehen auch Wein- und Tresterbrände.

RIBISEL

Roter Johannisbeeren-Brand von Früchten aus eigenem Anbau (40 %vol, 50 cl).
Jugendlich-fruchtiges Destillat mit sauberem, leicht würzig abgestimmtem Duft, angenehm leichtem Körper und auffrischendem Schluß.

Jahresproduktion:	k. A.
Anzahl der Brände:	10
Jahrgangsbrände:	ja
Preisniveau:	☆☆
Bezug:	Direktverkauf

MASCHANSKER

Aus der alten, zwischenzeitlich fast verschwundenen Mostbirne Maschansker (biologischer Anbau) destilliert (40 %vol, 50 cl).
Gelungener Brand mit ausgeprägtem Fruchtaroma und mittelschwerem Körper, der im Abgang zarte Bitterkeit entwickelt.

MUSKATELLER TRAUBE

Aus der regionaltypischen Muskateller-Spielart Muskat-Ottonel der Steiermark gebrannt (40 %vol, 50 cl).
Feines Destillat mit zartem Duft nach Muskateller, mit einem Hauch Orange und Blütentönen abgerundet, im Geschmack reife Frucht bis ins Finish.

Weitere empfehlenswerte Brände:

BOHNAPFEL
MISPEL
QUITTE
WILLIAMS
KLETZENBIRNE
KIRSCH
FASSGEREIFTER WEINBRAND
SCHILCHER-TRESTERBRAND

STADLMANN

Johann Stadlmann
Wiener Straße 41
A-2514 Traiskirchen

Gegenüber der gotischen Wehrkirche, im Herzen der Weinstadt Traiskirchen am Rande des Wiener Beckens liegt eines der besten Weingüter der österreichischen Thermenregion – seit 1780 ist es im Besitz der Familie Stadlmann. Der hohe Qualitätsanspruch und das Umweltbewußtsein der Familie zeigen sich nicht nur in der Weinbergspflege durch gezielte Gründüngung; die bedingungslose Ablehnung von allzu künstlichen Eingriffen im Keller durch moderne Technik kommt auch dem Traubenbrand aus Muskat-Ottonel-Reben zugute, die fünf Prozent des zwölf Hektar großen Weingutes einnehmen.
Seit zehn Jahren brennt Johann Stadlmann auf dem vom Großvater 1934 angeschafften Brennapparat, der Könnerschaft und viel Aufmerksamkeit voraussetzt, um gute Ergebnisse zu liefern – ohne Wasserbad, in einem einfachen, einwandigen Kessel, nur ein Rührwerk bewahrt die Maische vor dem Anbrennen. Neben Traubenbränden entstehen so Trester- und Fruchtbrände, die schon vor dem Brennen besondere Sorgfalt erfordern: Um einen zu derben Kernton im fertigen Destillat zu vermeiden, wird die Zahl der Kerne von Weichselkirschen und Mirabellen noch während der Fermentation auf etwa ein Viertel reduziert – das Destillat gewinnt so an Frucht und Aroma. Eine Besonderheit der Stadlmann-Brände ist der Maulbeerbrand aus den Beeren eines

Jahresproduktion:	k. A.
Anzahl der Brände:	10
Jahrgangsbrände:	ja
Preisniveau:	☆☆
Bezug:	Direktverkauf/-versand

schon zur Zeit der Kaiserin Maria Theresia gepflanzten Baumes, der zu den absoluten Raritäten zählt. Seit mehr als 25 Jahren bildet man im Hause Stadlmann Lehrlinge zu Winzern und Kellertechnikern aus, die natürlich auch solide Brennkenntnisse mit in ihr Berufsleben nehmen.

BRAND VOM MUSKATELLER

Sortenreiner Traubenbrand aus Muskateller der österreichischen Südbahnregion (41 %vol, 50 cl).

Vollmundiges Destillat mit typischem, leicht hefetönigem Aroma, durch Gewürz- und Blütennoten aspektiert, am Gaumen kräftig, mit gutem Zug bis in den lebhaften Abgang.

MIRABELLENBRAND

(42% vol, 50 cl)

Charakterstarker Brand, dessen sortentypische Frucht durch einen Hauch salzigen Phenols unterstrichen wird; am Gaumen wohlig-weiche Frucht, die im Finish durch einen trocken-würzigen Bitterton die perfekte Ergänzung findet.

Weitere empfehlenswerte Brände:

TRESTER VON ZIERFANDLER RIESLING, MUSKAT UND CABERNET

CABERNET-TRAUBENBRAND

BRÄNDE VON WEICHSELKIRSCHE UND MAULBEERE

STAINER

Heinz Stainer
Dorffmeisterstraße 21
A-7000 Eisenstadt

Der Absolvent der Klosterneuburger Wein- und Obstbauschule brennt seit 1979 – aus Passion. Im Zivilberuf ist Ingenieur Heinz Stainer Weinbauberater. Seine Leidenschaft aber gilt flüssigem Obst in hochprozentiger Form, wobei es ihm vor allem die Raritäten angetan haben. Ob Vogelbeere oder Hagebutte, Schlehe oder Elsbeere, auch mühseliges Ernten in den pannonischen Wäldern scheut der Eisenstädter nicht. Wer die Frucht im optimalen Moment »erwischen« will, der hat halt Aufwand, der aber bei Heinz Stainer erfreulicherweise nicht auf die Preise durchschlägt: Obwohl die weißen Brände mindestens ein Jahr, die holzfaßgereiften mindestens drei Jahre Zeit zur Entwicklung bekommen, sind sie durchaus bezahlbar.
Die Brände des mehrfachen Landessiegers des Burgenlandes und DESTILLATA-Medaillengewinners sind konsequent sanfte Destillate, denn seiner Meinung nach »soll jeder Schnaps so mild sein, daß man Lust auf ein zweites Glas hat«. Hatten wir.

Jahresproduktion:	1000 Liter
Anzahl der Brände:	28
Jahrgangsbrände:	ja
Preisniveau:	☆☆
Bezug:	Direktverkauf/-versand

VOGELBEERENBRAND

Seltenes Destillat aus vollreifen, also erst im Frühherbst geernteten Burgenländer Ebereschenbeeren, schonend gebrannt und ausgereift (40 %vol, 20 cl).
Eher untypisch fruchtiger, aber sehr gelungener Brand mit dezenter Zimtnote, im Geschmack intensiver werdend und an Kraft und Komplexität gewinnend.

HOLUNDERBRAND

Aus schwarzem Holunder destilliert, der in Höhenlagen bis 1500 Meter wuchs, ein Jahr im Glasballon harmonisiert (40 %vol, 20 cl).
Überraschend der Duft: fruchtig, rund, cremig, mit Anklängen an Kräuter, Lavendel und Algen; der Körper leicht und sanft bis ins extrem weiche Finish.

QUITTENBRAND

Destillat vollreifer, gelber Quitten aus dem sonnenreichen Burgenland (40% vol, 20 cl).
Zart, mit mild-herbem Quittenaroma, am Gaumen eher leicht und freundlich.

Weitere empfehlenswerte Brände:

OBSTBRÄNDE AUS MARILLEN, BIRNEN, PFIRSICH, MIRABELLE, KIRSCHE, WEICHSELKIRSCHE, BROMBEERE, SCHLEHE, ELSBEERE

ST. GEORGE

St. George Spirits Distillery
Jörg Rupf
5421 Belgrave Place
Oakland, CA 94618, USA

Erste US-amerikanische Obstbrand-Destillerie, erst vor wenigen Jahren von dem in Colmar geborenen Deutschen Jörg Rupf gegründet. Ein Forschungsauftrag und die Liebe zu einer schönen Kalifornierin brachten den Juristen im bayerischen Staatsministerium an die Westküste der Vereinigten Staaten. Die hervorragende Obstqualität dort und die seit Generationen bestehende Brenntradition seiner in Baden ansässigen Familie ließen Rupf Heimat und Beruf vergessen – er folgte seiner wahren Berufung, erwarb eine diskontinuierlich arbeitende Kupferbrennblase und begann, saubere, appetitanregende Brände nach Elsässer Vorbild zu destillieren. Die kaum an Obstbrände gewöhnten Amerikaner nahmen die neuen, heimischen Produkte gut an. Und auch in Europa sprach sich die Qualität der Destillate herum – zahlreiche vordere Plätze bei internationalen Blindverkostungen bestätigen das Potential der Brände aus der Neuen Welt.

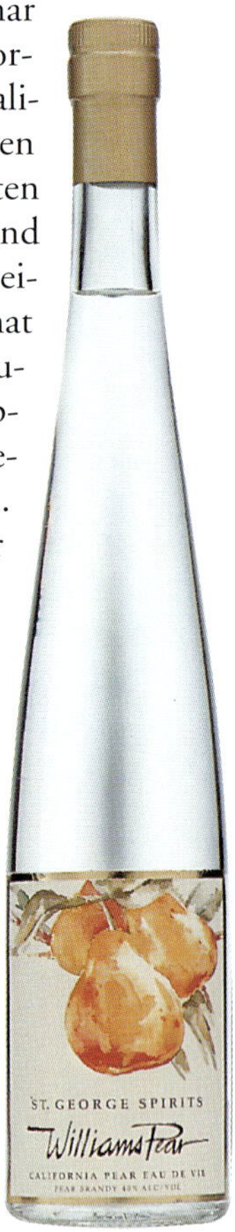

Jahresproduktion:	k. A.
Anzahl der Brände:	4
Jahrgangsbrände:	nein
Preisniveau:	☆☆☆
Bezug:	Importeur (D): Schlumberger

Williams

(40 %vol, 70 cl)
Ein urwüchsiges Kraftpaket, dem Holzfällermentalität jedoch fernliegt: Tiefes, sehr reifes Fruchtaroma setzt sich am Gaumen als saftige, weich gefederte Birne fort und mündet in einen würzig-markanten Schluß.

Kirsch

(40 %vol, 70 cl)
Ein Maienspaziergang nach einem kräftigen Regenguß: Über dunkler, leicht erdiger Frucht liegen ausdrucksstarke florale Düfte (Flieder, Veilchen, Rosen), die ihre harmonische Fortsetzung am Gaumen in kerniger Kirsche finden, bevor der Brand samtig ausklingt: exzellent!

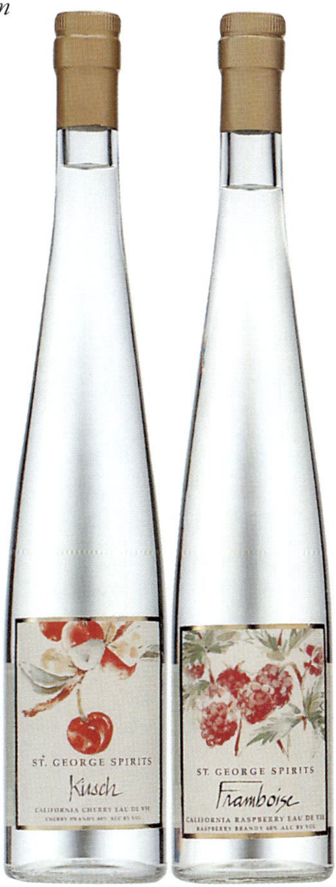

Framboise

(40 %vol, 70 cl)
Saftiges Himbeerdestillat mit erdig abgesetzter, vollreifer Fruchtnase und floralen Tönen, am Gaumen weich, mit schokoladigen Bitternoten im langen Abgang.

Weitere empfehlenswerte Brände:

ZWETSCHGENWASSER
GEWÜRZTRAMINER-TRESTER

STÖLBEN

Hausbrennerei »Zum Eulenturm«
Hans-Otto Stölben
Hauptstraße 218
D-56867 Briedel/Mosel

Mittlerweile in der vierten Generation brennt Hans-Otto Stölben im Moselstädtchen Briedel seine Brände, deren Klasse er regelmäßig mit Erfolg bei den offiziellen DLG-Verkostungen überprüfen läßt. Im hübsch gekachelten Brennraum steht das innen ganz mit Kupfer ausgekleidete Kolonnen-Destilliergerät, in dem Hans-Otto Stölben seine Brände mehrfach brennt. Er läßt ihnen anschließend Zeit zur natürlichen Klärung, bevor sie über mehreren Schichten Holzkohle zur völligen Klarheit filtriert werden. Die Harmonisierung und das allmähliche Herabsetzen auf Trinkstärke findet in klassischen Tonbehältern statt – traditionelle, viel Geduld erfordernde Behandlungsverfahren für gute Destillate.

WILDBROMBEERBRAND

Rares Destillat aus Wildbrombeeren, die ohne Zucker oder andere Zusätze vergoren wurden, in kleiner, mundgeblasener Schmuckflasche (40 %vol, 10 cl).

Dezentes Fruchtaroma mit appetitanregender Säure, am Gaumen gefällt die elegante Balance zwischen Frucht und Säure, aus der sich zunehmend angenehme Bitternoten entwickeln.

Jahresproduktion:	7000 Liter
Anzahl der Brände:	12
Jahrgangsbrände:	k. A.
Preisniveau:	☆☆
Bezug:	Direktverkauf/-versand

BRIEDELER ZWETSCHGENWASSER

Aus Moselaner Zwetschgen destilliert, Silberner DLG-Preis; mit rotem Pflümli-Likör als »Flasche in der Flasche« präsentiert (40 %vol, 20 cl).

Frisch-fruchtiges Destillat mit ausgeprägtem Pflaumenaroma und geradliniger Entwicklung im weichen, fruchtbetonten Körper bis hin zu zarten Bittertönen und Marzipan im nachhaltigen Finish.

BRIEDELER WILLIAMS-BIRNENBRAND

(40 %vol, 70 cl)

Reifes Destillat mit sauberer Frucht, zart durch Gewürznoten akzentuiert, und mittelschwerem, rundem Körper.

Weitere empfehlenswerte Brände:

KIRSCHWASSER
MARC DE RIESLING
MIRABELL
MOSEL-RIESLING-TRESTER
MOSEL-WEINHEFE
OBSTLER
TRAUBENBRAND
WILLIAMS

STUDER

Studer & Co. AG
Destillerie
CH-6182 Escholzmatt

Bis ins Jahr 1287 können die Studers aus Escholzmatt im Kanton Luzern ihre Ahnenreihe zurückverfolgen – die Brennerei ist im Vergleich dazu jung: 1883 kehrte der reiselustige Kaufmann Hans Studer aus dem Bordelais zurück. Im Gepäck sein Rezeptbuch der Likör-, Spirituosen- und Likörpralinenherstellung, in deren Geheimnisse er unter anderem bei den schon damals renommierten Häusern Bols und Marie Brizard Einblick bekommen hatte. Obwohl rund um das hochgelegene Escholzmatt kaum Obstbäume wachsen, war für Hans Studer klar: Nur Früchte Schweizer Herkunft sollten verarbeitet werden. Williamsbirnen und Aprikosen aus dem Wallis, Kirschen aus der Innerschweiz und der Region Basel, Gravensteiner und Pflaumen aus verschiedenen Kantonen. Seine Erben haben an dieser und anderen Traditionen festgehalten. Heute wird das Haus von Katherine Studer-Friedli und Ehemann Ivano geführt. Vor einiger Zeit ist der Brennerei eine eigene Glashütte angegliedert worden, in der Entwürfe bekannter Künstler in modernes Flaschendesign umgesetzt werden.

Jahresproduktion:	k. A.
Anzahl der Brände:	10
Jahrgangsbrände:	nein
Preisniveau:	☆☆☆
Bezug:	Direktverkauf; Importeur (D): Frankhof

Destillerie Studer: Katherine Studer-Friedli mit Ehemann Ivano

KIRSCH VIEUX

Aus kleinen, vollreifen Brennkirschen Schweizer Herkunft gebrannt und mehrere Jahre gelagert (40 %vol, 50 cl).

Ein Bild von einem Kirsch: Im komplexen Duft ein von Kräutern und Gewürznoten eingerahmtes, eher dezentes Kirscharoma, das sich zu farbenprächtiger Fülle am Gaumen entwickelt, bevor süße und bittere Komponenten die Komposition abrunden.

WILLIAMS

Reinsortiger Birnenbrand aus Williams-Christ-Birnen des Walliser Rhonetals (41 %vol, 70 cl).

Zwei Pole bestimmen die reiche Aromawelt dieses klassischen Williams: Zum einen frische Noten, die an die eben reife, fast noch grünschalige Birne denken lassen, zum anderen das Aroma von gelbem, saftigem Fruchtfleisch. Harmonisch und vollreif der Geschmack, lang der Abgang.

Weitere empfehlenswerte Brände:

FRAMBOISE SAUVAGE
PFLÜMLI
ABRICOTINE DU VALAIS
GRAVENSTEINER
VIEILLE PRUNE
VIEILLE POMME GRAVENSTEINER

THOUARCÉ

Coopération Syndicale de Distillation de Thouarcé
Boulevard de la République
F-49380 Thouarcé

Ein Stückchen südlich des alten Königsflusses Loire liegt das Weinstädtchen Thouarcé, unweit der berühmten Abtei von Fontevraud, am Ufer des Layon. Hier beherrschen Weinberge und Obstgärten das andernorts von tiefen Wäldern und glanzvollen Schlössern geprägte, weite Tal der Loire. Auf eine eigene

Oberes Bild:
Kolonnen-Destillieranlage von Thouarcé

Linkes Bild:
Williamsbirnen

Jahresproduktion:	23 000 Liter
Anzahl der Brände:	k. A.
Jahrgangsbrände:	nein
Preisniveau:	☆☆
Bezug:	Direktverkauf, Versand; Importeur Thouarcé: Jacques' Weindepot Val de Loire: Pet Weinbeck

kontrollierte Herkunftsbezeichnung, »Coteaux du Layon«, dürfen sich die hiesigen Winzer berufen, deren Rebhänge sich am Flüßchen nordwärts bis zur Loiremündung ziehen. Eine bei Weinfreunden kaum bekannte Appellation. Anders sieht es bei den Obstbrennern aus. Sie kennen und schätzen die Williamsbirnen, die ebenso wie die Weinreben in den Hügeln am Layon erstklassige Voraussetzungen für das Wachstum vorfinden. Was lag für die Obstbauern der Region näher als der Gedanke, es den Winzergenossenschaften nachzutun und nicht nur Brennobst zu exportieren, sondern eine eigene Gemeinschaftsbrennerei zu gründen, die Coopération Syndicale de Destillation de Thouarcé et des Vignobles du Layon, die sich voll und ganz auf die Herstellung von reinsortigen Williams-Bränden spezialisiert hat.
Vor dem Einmaischen werden die schonend geernteten Birnen selektiert. Große Birnen werden als Tafelobst verkauft, die kleinen Exemplare aufgrund ihres hohen Gerbstoffgehalts und niedrigen Wasseranteils zum Brennen bevorzugt. Nach Abschluß der maximal drei Wochen dauernden Fermentation wird die Obstmaische sofort gebrannt, um die Ausprägung von Aromafehlern zu verhindern. Neben dem für den Export auf 40 %vol eingestellten Williamsbrand werden für den französischen Markt auch Brände mit 45 %vol aufgelegt.

EAU DE VIE DE POIRE WILLIAMS

(40 %vol, 70 cl)

Sortentypisch klar definierter Brand mit zuerst trockenem, dann aber würzig-süßem Duft, bis am Gaumen eine Explosion von warmer, saftiger Frucht einsetzt, die im dezent trockenen Finish von Gewürznoten akzentuiert wird.

Weitere empfehlenswerte Brände:

VAL DE LOIRE
(Eigenständige Premium-Marke von Thouarcé. Unter diesem Namen kommen ausschließlich Jahrgangsbrände in limitierter Auflage in den Handel, deren Obstgut aus besonders guten Lagen stammt und von Hand gepflückt wurde. Handwerkliche Destillation im Kupferalambic und längere Lagerung sind weitere Qualitätsmerkmale der Linie Val de Loire.)

VAL DE LOIRE
EAU DE VIE DE POIRE WILLIAMS

(40 %vol, 70 cl)
Ein leichtherziges Destillat mit frischer Fruchtnase (neben Birne auch Apfel, Zitrone und Orange), und leichtem, elegantem Körperbau, der sich zum Abgang hin mit Nuß und tiefer Frucht intensiviert.

TRIMBACH

F. E. Trimbach
15, Route de Bergheim
F-68150 Ribeauvillé

Nördlich von Colmar, im Hügelland der Vogesenausläufer, liegt Ribeauvillé, seit 1626 Heimat der Winzerfamilie Trimbach. 1898 stellte Fréderic-Emile Trimbach seine für die damalige Zeit nach geradezu revolutionären Qualitätsvorstellungen ausgebauten Weine erstmals international auf der Messe in Brüssel vor, nahm zahlreiche Auszeichnungen mit nach Hause und etablierte den heute noch als Synonym für hochwertige Elsässer Weine bekannten »Trimbach-Stil«: Ertragsbegrenzung im Weinberg, handverlesene, streng selektionierte Trauben, lange Gärzeiten und Geduld bei der Reifung im Keller sorgen für elegante, feinnervige Weine von ausgeprägter Fruchtigkeit. Die gleiche Sorgfalt, die gleichen Ansprüche gelten auch den Eaux-de-vie d'Alsace, die nach traditionellen Methoden aus dem um Ribeauvillé geernteten Obst destilliert werden. Für die heute in elfter und zwölfter Generation im Hause tätigen Hubert, Bernard, Pierre und Jean Trimbach keine Frage: Ihre Eaux-de-vie können mit ihren Weinen mithalten. Finden wir auch.

Jahresproduktion:	7000 Liter
Anzahl der Brände:	10
Jahrgangsbrände:	nein
Preisniveau:	☆☆
Bezug:	Direktverkauf, Fachhandel; Importeur (D): Wein Wolf

EAU-DE-VIE FRAMBOISE

(45 %vol, 70 cl)

Vollfruchtiger Himbeerbrand mit einem Spannungsbogen aus grasig angehauchten, säuerlichen Noten, dann pikanten Anklängen (Pfeffer, Paprika), bevor erdig-fette Akzente den Duft bestimmen. Am Gaumen kräftige Fruchtentfaltung mit dezent bitterem Abgang – aufregend und wunderschön.

EAU-DE-VIE MIRABELLE

(45 %vol, 70 cl)

Ein Mirabell für vorweihnachtliche Stunden: Schöne, gut strukturierte Frucht mit zarten Hefetönen wird im Duft durch kräftige Sekundäraromen (Vanille, Zimt, Gewürze) unterstützt, bevor sie am Gaumen deutlich süß hervortritt und in einen zartbitteren Schluß mündet.

EAU-DE-VIE POIRE WILLIAMS

(43 %vol, 70 cl)

Klassisch-schöner Elsässer: Vollreife, sortentypische Frucht, die feinwürzig und floral akzentuiert wird und sich konsequent am Gaumen fortsetzt, begleitet von bittersüßen Aromen, bis ins lange Finale.

Weitere empfehlenswerte Brände:

KIRSCH RÉSERVE
FRAMBOISE GRANDE RÉSERVE
VIEUX KIRSCH
MÛRE DE BOIS (BROMBEERE)
MIRABELLE RÉSERVE
MARC DE GEWÜRZTRAMINER

VALLALAT

Budapesti Liköripari Vallalat
Soraksàri ùt 26
H-1095 Budapest

Die Aprikosen- und Pflaumenbrände der Budapester Destillerie Vallalat sind wohl die einzigen Brände aus der Magyarenrepublik mit Marktbedeutung hierzulande. Der Barack Palinka, ein Aprikosenbrand, ist das ungarische Nationalgetränk, was im wesentlichen an der Qualität der Aprikosen liegt, die in der etwa 100 Kilometer südlich von Budapest gelegenen Landschaft Kumanien (der Donau-Tiefebene) wachsen.
Noch intensiver als die Brände aus Aprikosen sind die aus in hochprozentigem Weingeist mazerisierten Früchten destillierten Aprikosen-Geiste, die dank sattem Aroma und fast likörhafter Süße auf breiter Front Anklang finden. Bei Vallalat werden die vollreifen Früchte zweimal im Kupferkessel destilliert, bevor sie für mehrere Jahre zum Ausreifen in Eichenfässer gefüllt werden.

Jahresproduktion:	k. A.
Anzahl der Brände:	3
Jahrgangsbrände:	nein
Preisniveau:	☆
Bezug:	Importeur (D): Borco

KECSKEMÉTI BARACK PÁLINKA

Die aromastarken Aprikosen der zahllosen Obstplantagen rund um Kecskemét bilden die Grundlage dieses Destillats, das doppelt destilliert wurde und im Eichenfaß reifte (40 %vol, 75 cl).
Hochsommerliches Destillat mit dunkler, reif wirkender Fruchtnase und geradliniger Entwicklung bis zum trockenen Schluß.

FÜTYÜLÖS BARACK PÁLINKA

Zweimal in der Kupferbrennblase destillierter Aprikosengeist aus vollreifen Früchten der Donau-Tiefebene, acht Jahre in Eichenfässern ausgereift (40 %vol, 50 cl).
Goldfarbenes Destillat mit üppigem, ausdrucksstarkem Aroma von saftiger, allerdings sehr süßer Frucht; harmonische Fortsetzung am Gaumen, bis zum Ende hin herb-komplexe Holznoten den Eindruck bestimmen.

Weiterer empfehlenswerter Brand:

FÜTYÜLÖS SZLIVA PÁLINKA
(UNGARISCHER PFLAUMENBRAND)

VALLENDAR, C.-H.

Carl-Heinz Vallendar
Bilzingen 30
D-54457 Wincheringen

Schon ein Jahr nach der Heirat des Weinbau- und Kellertechnikers Carl-Heinz Vallendar mit der Moselaner Bauernhoferbin Katharina im Jahre 1977 änderte sich das Gesicht des landwirtschaftlichen Betriebes in Wincheringen: Der Weinbau wurde forciert, und eine Brennerei kam hinzu, um das Obst der eigenen Streuobstwiesen zu veredeln. Mirabell und Williams-Birnenbrand waren die ersten Destillate, die in der modernen Kolonnenbrennanlage mit Wasserbadbefeuerung entstanden. Heute umfaßt das Programm der mittlerweile auch international ausgezeichneten Brennerei Schlehen-, Zwetschgen-, Apfel- und Kirschbrand sowie einen Waldhimbeergeist.

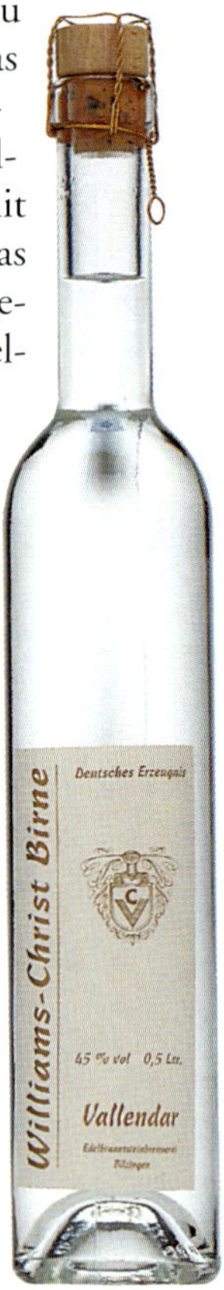

WILLIAMS-CHRIST BIRNE

Reinsortiges Birnendestillat, aus schonend zerkleinerten und eingemaischten Früchten, in der Wasserbad-Kolonnen-Destille gebrannt (45 %vol, 70 cl).

Leichter, schlanker Brand mit frischem Aroma nach noch knackiger Birne, angenehm durch Zitrone, leichte Bitternoten und verhaltene Süße akzentuiert.

Jahresproduktion:	300 Liter
Anzahl der Brände:	7
Jahrgangsbrände:	nein
Preisniveau:	☆☆
Bezug:	Direktverkauf/-versand

VALLENDAR, G. & H.

Gabriele und Hubertus Vallendar
Mühlenstraße 5
D-55829 Pommern/Mosel

Nomen est Omen: Der Name der kleinen Wein- und Obstbaugemeinde Pommern an der Mosel leitet sich von der einstigen römischen Siedlung Pommaria ab – dem Dorf der »Obstgärten«. Die größte zusammenhängende Südhanglage der Weinbauregion Mosel–Saar–Ruwer schlägt hier positiv zu Buche, aber auch die im Mai unübersehbar blühenden Obstplantagen. Für Anton Vallendar im Jahr 1967 der Grund, eine Obstabfindungsbrennerei zu gründen, die sich in der Region schnell einen Namen für Qualität machte. Sohn Hubertus, im Nebenberuf als Sensoriker eine der besten »Nasen« der internationalen Spirituosenszene, tat mit der Heirat der charmanten Brennrechtserbin Gabriele ein übriges: Das »Joint Venture« der beiden erlaubt, neben dem örtlich wachsenden Obst auch importierte Edelfrüchte zu brennen. Die Palette ist daher groß und reicht von einheimischem Traubenbrand über den roten Weinbergpfirsich bis hin zum Williams aus Rhonetal-Birnen; gleichfalls werden Mirabellen aus Lothringen, Himbeeren und Brombeeren aus Rumänien angeliefert.

Jahresproduktion:	600 Liter
Anzahl der Brände:	10
Jahrgangsbrände:	ja
Preisniveau:	☆☆
Bezug:	Direktverkauf/-versand

WILLIAMS-CHRIST-BIRNE

(45 %vol, 50 cl)
Die sortentypisch tieffruchtige Nase wird durch einen festen, dabei aber weichen und sanften Körper ergänzt. Geradlinige Entwicklung bis in den langen, ausgesprochen sauberen Abgang.

BRAND VOM ROTEN WEINBERGPFIRSICH

(44 %vol, 50 cl)
Pfiffiges Destillat mit fruchtig-frischer Nase und reizvollen Anklängen an Sandelholz, Erde, wilden Thymian; agiler Körper mit anhaltender Kraft und Fülle.

BRAND VON DER RIESLING TRAUBE

(54 %vol, 50 cl)
Ungewöhnlicher Brand voller Temperament: Neben fruchtig-traubigen Aspekten erfreuen animalisch-strenge Noten (Sandelholz, Zibetkatze, ein Hauch Moschus); im Körper reiche Frucht mit zartherber Bitterkeit im intensiven Finish.

VARDA

Villa de Varda s.r.l.
Via E. de Varda 24
I-38017 Mezzolombardo, Trentino

Zu Beginn des 16. Jahrhunderts von der Familie Varda begründetes Weingut mit Brennerei, dessen Erzeugnisse am Hof in Wien so hoch geschätzt wurden, daß Kaiser Leopold I. im Jahr 1678 Giovanni de Varda in den Adelsstand erhob. Anfang des 19. Jahrhunderts übernahm Michele Dolzan das Gut und widmete sich der wissenschaftlichen Erforschung der Destillierkunst. Seine Nachkommen leiten heute noch die Brennerei, die wegen ihres hohen Qualitätsstandards und der ausgefallenen Glasästhetik ihrer Flaschen in Italien schnell zum Begriff wurde. Neben Obstdestillaten entstehen bei Villa de Varda auch Wein und Grappa.

DESTILLATO D'UVA TEROLDEGO (TA)

Brand aus den ganzen Trauben der Trentiner Rebspezialität Teroldego, diskontinuierlich im Wasserbad-Kupferkessel destilliert.

Die intensiv fruchtige Traubennase mit würzig-herben Aspekten gefällt bei diesem mittelschweren Destillat; es entwickelt am Gaumen Volumen und feine Bitter- und Nußtöne bis in den trockenen Schluß.

Jahresproduktion:	k. A.
Anzahl der Brände:	5
Jahrgangsbrände:	ja
Preisniveau:	☆☆☆
Bezug:	Direktverkauf; Importeur (D): Macha

VOGL

Brennerei Guglhof
Anton Vogl
Davisstraße 11
A-5400 Hallein

Kleine, feine Brennerei auf dem 1641 erbauten Guglhof im Salzburger Land. 1928 begann der Großvater von Anton Vogl mit einer kleinen Brennblase, heute arbeiten neben dem Brennmeister vier weitere Angestellte an Destillaten, die zur Weltspitze gehören. 250 000 Kilogramm Obst werden im Jahr verarbeitet, der Großteil davon stammt aus eigenem Anbau. Große Sorgfalt bei Destillation und Lagerung – das ist die Devise von Anton Vogl: »Ich brenne Schnäpse wie für meinen eigenen Bedarf – und ich bin anspruchsvoll!« Das dürfen auch seine Kunden sein.

In der Brennerei Guglhof

Jahresproduktion:	20 000 Liter
Anzahl der Brände:	10
Jahrgangsbrände:	ja
Preisniveau:	☆☆☆
Bezug:	Direktverkauf, Fachhandel; Importeur (D): Hanseatische Weinhaldsgesellschaft

VOGELBEERBRAND RESERVE 1993

Aus temperaturkontrolliert vergorenen Vogelbeeren, doppelt in der Kupferbrennblase destilliert, zwei Jahre im 60-Liter-Glasballon harmonisiert (43 %vol, 70 cl).

Dunkles, reifes Aroma mit komplexen Gewürztönen (Zimt, Sandelholz, Nuß, Vanille, etwas Karamel), entwickelt im Mund enorme Kraft bis in den warmen, schier unendlichen Abgang – herrlich!

QUITTENBRAND 1992

Jahrgangs-Quittenbrand aus regionalem Obstgut, zweifach diskontinuierlich gebrannt und drei Jahre im Glasballon ausgereift (46 %vol, 70 cl).

Kunstfertig komponiertes Destillat mit hell-fruchtiger, »quittengelber« Fruchtnase, mit feiner Würze abgesetzt; auf der Zunge reife Frucht, von herbstlicher Gewürzfülle geprägt – einfach gelungen!

Weitere empfehlenswerte Brände:

APFEL
ZWETSCHGEN
MARILLEN
WILLIAMS
KIRSCH
HIMBEEREN
HOLUNDER
WEICHSELKIRSCHEN

WEIS

Elztalbrennerei Georg Weis GmbH
Elzstraße 39–41
D-79261 Gutach i. Breisgau

Im Jahr 1924 gründete Hoferbe Georg Weis seine Brennerei in den alten Mauern des »Weisen-Hofs« in Gutach – heute dient der gesamte Schwarzwaldhof der Herstellung von Edel-Obstbränden, die unter verschiedenen Handelsnamen wie »Lindenhof«, »Mathisbur« oder »Bartleshof« auf den Markt kommen. Bekanntestes Produkt sind jedoch die in die unverwechselbare Holzscheitflasche abgefüllten Schwarzwälder Brände unter dem Familiennamen der Brennerei-Eigner. Allen Bränden gemeinsam ist die Herkunft der verwendeten Obstsorten aus den Schwarzwaldregionen Ortenau, Kinzigtal und Markgräflerland sowie vom badischen Bodensee. Destilliert wird in traditionellen Brennblasen, bevor die Brände in großen Edelstahltanks ausreifen. Vor dem Abfüllen stellt Brennmeister Clemens Weis eine Cuvée aus verschieden lange gelagerten Bränden einer Sorte zusammen, um selbst in schlechten Obstjahren die für bekannte Markendestillate wichtige Geschmacks- und Qualitätskontinuität zu sichern – mit Erfolg, wie regelmäßige Prämierungen bei DLG-Verkostungen über die Jahre zeigen.

Jahresproduktion:	1,5 Mio. Liter
Anzahl der Brände:	15
Jahrgangsbrände:	ja
Preisniveau:	☆☆
Bezug:	Einzelhandel, Fachhandel, Direktverkauf

ALTES SCHWARZWÄLDER PFLÜMLIWASSER

Aus vollreifen Schwarzwälder Pflaumen in der Kupferbrennblase gebrannt und mindestens fünf Jahre gereift (42 %vol, 50 cl).

Der sehr präsente, verführerische Duft verspricht viel: Reife Frucht, Gewürze, Sanftmut, Fülle; der Geschmack hält alles: tief dunkeltönig, ausgereift, kraftvoll, würzig, lang ... ein Traum von einem Pflümliwasser!

ECHTES SCHWARZWÄLDER KIRSCHWASSER

Diskontinuierlich gebrannte und im Edelstahl harmonisierte Cuvée aus im Schwarzwald angebauten Kirschen, in der patentierten »Holzscheit«-Flasche (40 %vol, 70 cl).

Für die Torte zu schade: Distinguierte Nase mit reifem, warmem, von Fruchtfleisch geprägtem Aroma und voller Frucht bis in den weichen, sehr warmherzigen Schluß.

SCHLEHENGEIST

Aus Schwarzwälder Schlehen, in hochprozentigem, geschmacksneutralem Alkohol ausgelaugt und anschließend doppelt destilliert (40 %vol, 50 cl).

Leidenschaftliches Edeldestillat mit wunderbar anregendem Aroma voller Frucht, durch Marzipan, Zimt, Sandelholz fast unwiderstehlich bis in den durch kontrollierte Kraft, Komplexität und Länge ausgezeichneten Abgang.

WEINBAUSCHULE WEINSBERG

Staatsweingut Weinsberg
Traubenplatz 5
D-74189 Weinsberg

Weingut mit Brennerei im Besitz der Wein- und Obstbauschule zu Weinsberg, dem 1868 als »Königlich Württembergische Weinbauschule« gegründeten, ältesten Weinbau-Lehrinstitut Deutschlands. Furore machten die Weinsberger in den letzten zwanzig Jahren unter ihrem vormaligen Leiter Dr. Gerhard Götz vor allem als Vorreiter und wissenschaftliche Betreuer der Barrique-Ausbauwelle – das kleine, meistens neue, im Bordelais beheimatete Eichenfaß und seine positiven Auswirkungen auf den international als rückständig geltenden deutschen Weinbau wurden erprobt, untersucht und schließlich beherrscht: Am deutschen Erfolg im Ausland hat auch Weinsberg großen Anteil. Heute leitet Dr. Günter Bäder die renommierte Ausbildungsstätte, in der neben Weinbau auch die Kunst der hochgeistigen Obstveredelung in Theorie und Praxis gelehrt wird. Worte in die Tat setzt die 3-Hektoliter-Abfindungsbrennerei um, wobei ein Verstärkerbrenngerät mit Dampfbeheizung genutzt wird. Die Obstsorten werden in der Regel einmal, Trester dagegen doppelt destilliert. Der Erntezeitpunkt wird durch Oechslegradmessungen festgelegt, die Früchte bis zur optimalen Reife nachgelagert. Klare Destillate lagern bis zu sechs Monate in kleinen Glaskolben,

Jahresproduktion:	300 Liter
Anzahl der Brände:	9
Jahrgangsbrände:	k. A.
Preisniveau:	☆☆
Bezug:	Direktverkauf

Trester-, Hefe-, Wein-, Apfel- und Zwetschgenbrände kommen in Eichenfässer, die aus neuer und gebrauchter Eiche aus Deutschland, dem Limousin oder dem Département Allier stammen.

APFELBRAND AUS DEM EICHENFASS

Cuvée aus Golden-Delicious- und Cox-Orange-Destillaten, längere Zeit in verschiedenen Eichenfässern gelagert. 1995 Auszeichnung des nord-württembergischen Brennerverbandes (43 %vol, 50 cl).
Goldfarbenes, sehr weiches Destillat mit runder Apfelnote, durch warme Holztöne trefflich ergänzt. Am Gaumen vollmundig mit sich entwickelnden, würzig-trockenen Sekundäraromen: gelungen!

HIMBEERGEIST

Aus in Weingeist mazerisierten Himbeeren, in einem Brennvorgang im verstärkten Kolonnenbrenngerät destilliert (43 %vol, 50 cl).
Feiner, sehr sympathischer Brand mit feinwürzigem Kontrast zur kräftigen Frucht, die im Geschmack an Fülle und Kraft gewinnt, bevor sich charaktervolle, zartbittere Noten in gute Erinnerung bringen.

Weitere empfehlenswerte Brände:

SORTENREINE APFELBRÄNDE AUS GOLDEN DELICOUS UND COX ORANGE

WILLIAMS-CHRIST, ZWETSCHGEN-, SAUERKIRSCH-, KIRSCHWASSER

WENDELIN

Mathias und Georg Wendelin
Feldstraße 3
A-7122 Gols

Unweit der ungarischen Grenze liegt die Weinbaugemeinde Gols, am Ostufer des Neusiedlersees in der vom heißen Atem der sommerlichen Puszta gestreiften pannonischen Tiefebene. Die Römer bauten hier Wein an. Ihnen folgten viele Generationen, die den natürlichen Reichtum dieser Region für den Wein- und Obstbau nutzten. Unter ihnen immer wieder Mitglieder des Wendelin-Clans. Heute sind allein acht Weingüter namens Wendelin in Gols zu finden.
Georg und Mathias Wendelin sind bekannt für ihre Destillate – im kleinen Kupferbrennapparat destillieren sie eine stattliche Anzahl von reinsortigen Tresterbränden, aber auch feine Obstbrände. Ihre langjährige Erfahrung beschert Vater und Sohn strapaziöse Herbsttage: Vergorene Maische darf bei ihnen nicht lange stehen, sondern wird zügig gebrannt, auch während der Weinlese: Wenn's der Qualität nutzt, scheut man am Neusiedlersee eben keinerlei Mühe. Die Ergebnisse geben den beiden recht: exquisite Schnäpse mit feintöniger Blume.

Jahresproduktion:	700 Liter
Anzahl der Brände:	k. A.
Jahrgangsbrände:	ja
Preisniveau:	☆☆☆
Bezug:	Direktverkauf/-versand

QUITTENBRAND

(40 %vol, 50 cl)
Auf elegante Art fruchtiger Brand mit typischem Quittenton, durch einen Hauch Blüten fröhlich variiert, am Gaumen kräftig mit schönem Säurespiel und zunehmender Zartbitternote im distinguierten Abgang.

HAGEBUTTENBRAND

(40 %vol, 50 cl)
Ein Gruß aus der Puszta: Temperamentvolles Destillat mit komplexem Fruchtaroma: neben Hagebutte auch Gräser, Nuß, Sauerampfer, Koriander…
Geschmacklich kräftig, mit würzig-pfefferiger Nußnote und hingebungsvoll-weichem Finale.

Weitere empfehlenswerte Brände:

MARILLE
PFIRSICH
QUITTE
KIRSCHE
HIMBEER

WETTER

Helga und Reinhard Wetter
Missingsdorf 33
A-3751 Missingsdorf

Ein Muster-Obstgut, wie nicht nur die immer wieder mit Lehrgangsteilnehmern zur Besichtigung kommenden Dozenten der weltweit renommierten Klosterneuburger Wein- und Obstbauschule gerne bestätigen. Konsequent setzen Helga und Reinhard Wetter auf biologischen Obstbau. Ende der achtziger Jahre begannen sie, sortenreine Obstsäfte zu pressen, und erreichten damit ein anspruchsvolles Privat- wie Gastronomiepublikum, das von der geschmacklichen Vielfalt beispielsweise im Bereich Apfelsaft fasziniert war. Ein Konzept, das sich auch auf die schon immer – wenn auch eher nebenbei – betriebene Destille umsetzen ließ. 1990 ließ sich Reinhard Wetter nach eigenen Vorstellungen eine Brennanlage bauen und destilliert seither wenige, aber immer ausgereifter und hochwertiger werdende Brände nur aus eigenem Obstgut. Erfahrung und immer neue technische Ergänzungen lassen heute zu, das Herzstück quasi tropfenweise zu ermitteln – reintönige, klare Brände sind so garantiert! Ein kleines Schnapsmuseum und freundlicher Empfang lohnen den Besuch im Weinviertler Obstgut.

Jahresproduktion:	800 Liter
Anzahl der Brände:	12
Jahrgangsbrände:	ja
Preisniveau:	☆☆☆
Bezug:	Direktverkauf/-versand

APFELBRAND 1992

Aus biologisch angebauten, sorgfältig eingemaischten Äpfeln (vorwiegend Cox-Orange) von altem Obstbestand, drei Jahre im kleinen Faß aus Limousin-Eiche gelagert (41 %vol, 50 cl).

Erfrischendes Destillat mit zarten Aromen nach Apfel, Vanille und ein wenig Süßholz, am Gaumen weich und sanft, mit voller, gewürzbetonter Frucht und fülligem, harmonischem Abgang.

WILLIAMS-TRESTERBRAND 1994

Aus den noch feuchten, bei der Herstellung von Williams-Christ-Birnensaft anfallenden Trestern, schonend vergoren und destilliert – eine Rarität (42,6 %vol, 50 cl).

Im sehr sauberen Duft noch jugendlich mit frisch-grünen, angenehm strengen Komponenten, entwickelt sich am Gaumen kraftvolle Frucht mit reiner Süße, die durch einen sich intensivierenden Bitterton aufs schönste abgerundet wird.

Weitere empfehlenswerte Brände:

COX-ORANGE-APFELBRAND

EDELOBSTLER

BIRNENBRÄNDE AUS ALEXANDER, LUCUS, GUTER LUISE UND WILLIAMS

BRÄNDE AUS PFIRSICH, MARILLE, ZWETSCHGE, HOLUNDER UND SCHWARZER JOHANNISBEERE

ZIEGLER

Edelobstbrennerei
Gebrüder Josef & Matthäus Ziegler GmbH
Hauptstraße 26
D-97896 Freudenberg

Im Jahr 1865 von Josef Ziegler als Bierbrauerei, Brennerei und Schankwirtschaft gegründete Destillerie, die 1980 von Thomas Ziegler aus dem Dornröschenschlaf geweckt wurde – der junge Brenner entdeckte im alten Lagerkeller Ballons voller Obstbrände, die schon Urgroß- und Großvater destilliert hatten. Auf Anhieb gewann Thomas Ziegler mit einem Wildkirschendestillat, das er – quasi als Startsymbol einer langen Erfolgsreihe – »Ziegler

Blick in den Felsenkeller der Edelobstbrennerei Ziegler

Jahresproduktion:	18 280 Liter
Anzahl der Brände:	20
Jahrgangsbrände:	ja
Preisniveau:	50–580 Mark, ☆☆☆☆
Bezug:	Direktverkauf/-versand, Fachhandel

Nr. 1« getauft hatte, die Blindverkostung durch eine hochkarätige Jury. Enorme Nachfrage setzte ein, Ziegler investierte in Technik und Rohware, entwickelte neue Brennverfahren und führte seine Destillerie dank guter Produkte und geschickter Imagekampagnen in kurzer Zeit an die Spitze der deutschen Brenner. Die hohen Investitionen brachten es mit sich, daß er sich nach einem starken Partner umsehen mußte. Seit 1992 gehört die Brennerei der Familie Leibbrand, die mit Geschäftsführer Alain Langlois und Brennmeister Jürgen Marré den von Thomas Ziegler eingeschlagenen Weg der Bewahrung bewährter Standards bei gleichzeitiger Offenheit für neue Ideen fortführt.
Neben einem umfassenden Produktprogramm an niveauvollen Obstbränden bietet Ziegler auf Anfrage nach wie vor Methusalem-Destillate wie die Wildkirsche von 1913 oder einen Weintraubenbrand von 1918, die in vornehmer Ausstattung präsentiert werden – Luxus, der seinen Preis hat: um 1600 Mark für die Flasche.

WILLIAMS-BIRNENBRAND

Aus Walliser Williamsbirnen hergestellt, die ohne Stiele und Kernhäuser zehn Wochen vergoren wurden; in kupfernen Brennkesseln diskontinuierlich gebrannt, Cuvée der Jahrgänge '92 und '94 (43 %vol, 70 cl).

Sanftes, fast samtiges Destillat mit vollreifer Birnennote und einem Hauch Nuß, am Gaumen kräftiger werdend mit würzigen Tönen.

WALD-HIMBEER-GEIST

Aus ungarischen Waldhimbeeren, die sechs Wochen in einem Verhältnis von 75 Prozent Beeren zu 25 Prozent hochprozentigem Alkohol mazerisiert wurden; Jahrgangsdestillat von 1994 (43 %vol, 70 cl).

Kraftvolles Destillat mit tiefem Aroma nach Gewürzen und Blüten vor vollmundiger Frucht, die auf der Zunge eine von eleganter Bitterkeit dominierte, angenehme Süße entwickelt.

ZIEGLER NR. 1 WILDKIRSCH

Cuvée verschiedener Wildkirschsorten aus Franken, Rumänien und Bulgarien, destilliert 1991, '92 und '93 (43 %vol, 70 cl).

Klösterlich-nobler Kirschbrand voller Charakter: Kraftvolles, helles Aroma mit zahllosen feinziseliert wirkenden Details, auf der Zunge hochkonzentriert, voll Klarheit und Frucht, doch markant kernig im strengen Abgang. Eigenwillig und zurecht ein Kult-Destillat!

Obstbrände genießen

EINE BRENNENDE LEIDENSCHAFT

Wer Obstbrenner kennt oder gar schon einmal bei der Arbeit beobachtet hat, der ahnt zumindest, wie viel Mühe und Können dazugehört, ein erstklassiges Destillat herzustellen. Und der weiß, daß hier nicht nur Alkohol, sondern vor allem auch »Herzblut« fließt – Brenner mit Ambition sind nun einmal im doppelten Sinne von einer »brennenden Leidenschaft« besessen. Kaum anders geht es einer wachsenden Zahl von Genießern. Kein Wunder, schließlich sind die Obstbrände unserer Tage genußreicher und verlockender denn je: vielfältiger, aromatischer, sauberer.

Reinheit, die Freiheit von jeglichen unerwünschten Nebenstoffen, ist denn logischerweise auch die erste und wichtigste Voraussetzung für einen Genuß ohne Reue. Auf dem Weg von der Maischebereitung bis in die Flasche lauern allerdings zahlreiche Fallstricke – die Fehlertabelle auf Seite 208 zeigt nur einen Teil der möglichen Aromafehler und ihrer Ursachen auf. Der einen Möglichkeit, alles richtig zu machen, stehen praktisch unbegrenzte Fehlermöglichkeiten auf allen Stufen der Herstellung gegenüber – etwa das Anbrennen der Maische; ungenaue Abtrennung von Vor- und Nachlauf; Destillationsfehler aller Art oder Fehler bei der Herabsetzung auf Trinkstärke, die zu Aromaverfälschungen oder Aromaschwäche führen können; oder auch die Lagerung in ungeeigneten Räumen, aus denen das Destillat gegebenenfalls Fremdaromen aufnehmen kann …

Dank immer weiter entwickelter Technologie und gewachsenem Qualitätsstreben lassen sich Fehler heutzutage jedoch größtenteils vermeiden oder durch verschiedene Kunstgriffe ausmerzen, was bis zum Umbrennen gehen kann. So wird man (hoffentlich) kaum je auf ein Destillat stoßen, das einen der in der Tabelle genannten Fehler in wirklich krasser, eindeutiger Form aufweist. Was nicht bedeutet, daß nicht manchmal doch eine Spur eines unerwünschten Fremdstoffes enthalten sein kann. Doch hier sollte man ein wenig relativieren – oder philosophieren: Was ist

Fehler und ihre Ursachen

Bezeichnung	*Auswirkung*
Acroleinstich	riecht stechend, schmeckt brennend nach Meerrettich (Ursache: z. B. bakterielle Maischeinfektion)
Böckser (Schwefelwasserstoff)	Geruch und Geschmack nach faulen Eiern (Ursache: z. B. von Faßschwefelung, zu langer Maischelagerung)
Buttersäurestich	riecht nach Schweiß oder ranziger Butter (Ursache: z. B. Vergärung bei zu warmer Witterung, Buttersäurebakterien)
Essigstich	riecht nach Essig, schmeckt sauer (Ursache: z. B. zu lange Gärdauer, Essigbakterien)
Estergeruch	riecht nach Nagellack bzw. Verdünner (Ursache: z. B. Spontangärung)
Kartoffelkellergeschmack oder Schimmelton	riecht und schmeckt bitter, dumpf, muffig (Ursache: z. B. faules Obst, Gärfehler, von Schimmel befallene Behälter, Schläuche o. ä.)
Metallgeschmack	schmeckt metallisch bitter (Ursache: Destillationsfehler)
Sauerkrautstich (Mannitstich)	riecht nach Sauerkraut (Ursache: Milchsäuregärung)
Schwefeldioxidfehler	riecht stechend (Ursache: Maischebehandlung mit schwefliger Säure)
Steingeschmack	schmeckt nach bitteren Mandeln (Ursache: beschädigte Steine)
Trübungen	trübes, unklares Aussehen (Ursache: z. B. chemische Prozesse bei der Destillation)

ein »Fehler«? Angestrebt wird bei einem Obstbrand zwar ein sauberes, sortentypisches Aroma – doch kann er nicht gerade durch ein »Fehlerchen« auch komplexer, interessanter werden? Man denke etwa an ein Zwetschgenwasser, das durch einen zarten Bittermandelton sehr wohl gewinnen kann – obwohl der Steingeschmack eigentlich ein »Fehler« ist, der auf einen zu hohen Anteil zertrümmerter Steine in der Maische schließen läßt. Ein anderes Beispiel: Die genannte Aromaschwäche mag vom einen als Fehler gerügt werden, während sie ein anderer als willkommen dezent und unaufdringlich empfindet. Solange man also keinen Gas-Chromatographen zur technischen Analyse zur Verfügung hat, entscheidet allein der individuelle Geschmack.
Obstbrände von heute können eine »brennende Leidenschaft« entfachen – sie selbst aber »brennen« keineswegs mehr, wie dies früher gang und gäbe war. Sie sind sanft, weich, rund, keine Spur von Kratzen im Hals. Die gestiegene Qualität hat nicht nur Begeisterung ausgelöst, sondern auch veränderte Trinkgewohnheiten möglich gemacht: Die Zeiten, in denen man einen Obstbrand kalt oder gar eiskalt getrunken oder gekippt hat, sind passé. Diese Unsitte diente im Grunde nur dazu, Schwächen und Fehler zu kaschieren. Durch die Kälte wurde der Schnaps als weniger stark brennend empfunden. Außerdem »bindet« Kälte Aromen: Unangenehme Gerüche wurden so unterdrückt – allerdings auch die angenehmen, sauberen Fruchtnoten, die erst in ihrer ganzen, ungebremsten Kraftentfaltung den Genuß vollkommen machen.
Daher sollten Obstbrände bei Zimmertemperatur getrunken werden – dieser Begriff entstand übrigens in noch nicht zentral geheizten Zeiten und umschrieb eine Temperatur von etwa 16 bis 18 Grad Celsius. Viele professionelle Verkoster bevorzugen 20 Grad, manche gehen gar bis 25 Grad auf der Suche nach der kompletten Aromenvielfalt.
Den meisten Verbrauchern dürfte dies im Sinne des angestrebten Genusses mit Recht als zu warm erscheinen. Die genannte Zimmertemperatur ist aus unserer Sicht für einen Digestif sicherlich das richtige Maß, und wer es doch gerne etwas kühler hätte – bitteschön! Auch bei 8 bis 12 Grad kommt ein guter Brand zur Geltung. Tiefer sollte man allerdings nicht gehen, auch wenn der kalte Schnaps für einige Genießer Tradition oder Gewohnheit darstellt. Ein eiskalter Obstbrand ist bestenfalls der halbe Genuß.

Damit der ganze Genuß möglichst lange erhalten bleibt, noch ein Wort zum Thema Lagerung: Bewahren Sie Ihre Obstbrände am besten stehend und in einem kühlen, dunklen Keller auf. Als Blickfang in der Wohnzimmervitrine sind Obstbrände fehl am Platz, und seien die Flaschen noch so dekorativ – Sonnenlicht und Wärme können den stärksten Obstbrand umbringen. Dies gilt um so mehr, wenn die Flasche einmal geöffnet war: Durch den Kontakt mit der Luft können Obstbrände schnell an flüchtigen Aromen verlieren. Man sollte sich also nicht unbedingt »Jahre« Zeit lassen, eine gute Flasche zu leeren – sie wird nicht besser. Wer sich wirklich nur ganz selten einmal ein Gläschen gönnt, kann mit einiger Aussicht auf Erfolg versuchen, den Brand mit Hilfe eines Vakuumier-Verschlusses länger haltbar zu machen.

OBSTBRÄNDE IM GLAS

Um es gleich vorwegzunehmen: Werfen Sie Ihre alten Schnapsgläschen in den nächsten Glascontainer. Aus dieser überkommenen Glasform das volle, wunderschöne Bukett wahrzunehmen, für das sich der Brennmeister so viel Mühe gegeben hat, ist praktisch unmöglich – das »Stamperl« zu verwenden, wäre »vergebene Liebesmüh'«.

Die rassigen und filigranen Edelbrände von heute verlangen und verdienen ein besseres Glas – in der Grundform ein hochstieliges, tulpenförmiges Glas. Und das nicht nur aus ästhetischen, sondern auch aus ganz praktisch-funktionellen Gründen:

Der hohe Stiel – zumal unten angefaßt – sorgt dafür, daß eine gewisse Entfernung zwischen dem Brand und der Hand liegt. Ein glasklarer Vorteil, wenn die Hand nicht frei von Gerüchen ist – etwa nach Seife nach dem Händewaschen oder nach Nikotin bei Rauchern.

Von Vorteil ist es auch, wenn das Glas dem Destillat eine große Oberfläche bietet. Moderne Gläser sind meist dafür konzipiert, bis zur breitesten, bauchigsten Stelle eingegossen zu werden. So kann ein Maximum an Aroma freigesetzt werden. Über dem Destillat sollte genügend »Raum« vorhanden sein, in dem sich das Aroma sammeln kann. Meist verengt sich das Glas hier zu einem »Kamin«, der nicht zu schmal sein darf, damit er noch genügend

Aromen freizulassen vermag. Er darf aber auch nicht zu weit sein, weil sonst die Kraft des oft hochprozentigen Alkohols ungebremst nach oben steigen könnte. Im Trend liegen Gläser mit recht schlanker »Taille«, deren Kamin sich nach oben leicht öffnet.
Auf der Basis solcher Überlegungen haben sich die Designer nahezu aller Glashersteller moderne, elegante Obstbrandgläser einfallen lassen. In der genannten Grundform kann man sie ausnahmslos empfehlen, Unterschiede im Styling sind eine Geschmackssache, die sich in der Nase und am Gaumen, wenn überhaupt, nur geringfügig auswirkt.
Interessant ist der Ansatz einzelner Hersteller, im Streben um die Idealform noch weiter zu gehen und spezielle Gläser für Steinobst-, Kernobst- und Beerenobstbrände zu entwickeln. Den Resultaten stehen wir allerdings mit einer gewissen Skepsis gegenüber. Und nicht nur wir: Bei einem professionellen Edelbrand-Gläsertest der Spirituosen-Fachmesse DESTILLATA sollten alle Gläser ursprünglich auf Kernobst- und Steinobst-Eignung geprüft werden – dies wurde fallengelassen, nachdem sich herausgestellt hatte, daß eine unterschiedliche Eignung für Williams bzw. Zwetschge praktisch nicht feststellbar oder (subjektiv, also: wenn überhaupt!) so minimal war, daß er für den Konsumenten keine Rolle spielt. Aufschlußreich ist auch die Beobachtung, daß in zwei aufeinanderfolgenden Jahren – im ersten wurden Beerenobstbrände untersucht, im zweiten Kern- und Steinobstbrände – dieselben Gläser die ersten Plätze belegt haben.
All dies legt nicht unbedingt den Schluß nahe, daß ein Trend zu Sorten-Spezialgläsern – analog zu Weingläsern – auch für Obstbrände sachlich begründbar ist. »Vorteile« solcher Gläser, beispielsweise eines Beerenobstbrand-Glases, mögen darin liegen, daß sich der Verbraucher der Existenz unterschiedlicher Obstbrand-Gruppen bewußter wird und daß er den Eindruck gewinnt, er habe für seinen Genuß mit dem »optimalen« Glas die bestmöglichen Voraussetzungen geschaffen. Die besondere Ästhetik und den puren Spaß an der Perfektion – mag sie auch ein wenig auf die Spitze getrieben sein – sollte man jedenfalls nicht unterschätzen. Auch diese Aspekte können subjektiv zur Genußsteigerung beitragen.
Dennoch haben wir es vorgezogen, uns mit einem geeigneten Typ von Obstbrändeglas zu bescheiden. Es ist stabil genug, um alltags-

DAS RICHTIGE GLAS

… muß nach Auffassung des österreichischen Glasherstellers Riedel für die jeweilige Obstbrand-Gruppe »maßgeschneidert« sein: Riedel hat Spezialgläser für Brände aus Beerenobst, Steinobst und Kernobst entwickelt. Zweifelsohne schöne und funktionell erstklassige Gläser – auch wenn die Ansichten über den Nutzen solcher Spezialisierung auseinandergehen.

Riedel: Beerenobst

Riedel: Kernobst

Riedel: Steinobst

Bauscher Noblesse 10

Schott Selektion Obstbrände

WOB Edel 2060

Schott Domaine Edelobst

Spiegelau: Ambition Obstbrände

tauglich zu sein, elegant genug, um auch auf einer festlichen Tafel Staat zu machen – und wir müssen uns nicht bei jeder Gelegenheit fragen, ob dieser oder jener Brand aus einem anderen Glas nicht doch irgendwie anders geschmeckt hätte ...

OBSTBRÄNDE IN DER KÜCHE

Wer sein Regal mit Küchenspirituosen durchgeht und dabei auf einen Obstbrand stößt, ist entweder kochtechnisch gut sortiert oder ein spezieller Freund von geistreichen Desserts, oder beides. Kompliment! Der Normalfall sieht leider – und für uns unverständlicherweise – anders aus. Obstbrände fristen aus Küchenperspektive ein Schattendasein, werden höchstens zur Hochsaison des Marmeladekochens aus der besser sortierten Hausbar genommen oder kommen noch nicht einmal dann zum Einsatz, weil hierfür oft billigen Likören auf Basis von Fruchtauszügen der Vorzug gegeben wird.

Dabei bietet das ganze Spektrum des kulinarischen Jahreskreises Gelegenheit, das flüssige Obst als Highlight eigener Kreationen einzusetzen. Schon am Vorabend des Neujahrstages bietet sich ein kulinarischer Knalleffekt an: Zu Silvester laden viele geistreiche Gastgeber zum Schweizer Käsefondue, das nach klassischer Rezeptur mit einem kräftigen Schluck Zuger Kirschbrand abgeschmeckt wird, aber auch mit anderen Schweizer oder Schwarzwälder »Chriesiwässerli« gelingt. Die Faschingszeit kennt Schmalzgebackenes, das in Süddeutschland gern mit einer Glasur aus Williams und Puderzucker überglänzt oder auch mit hochprozentiger Kirsch- oder Traubencreme gefüllt wird. Der aufkommende Frühling verlockt zu leichten Gemüsegerichten, die mit einer hellen, mit Wacholderbrand dezent aromatisierten Sauce erst die richtige Abrundung finden. Der Sommer lockt mit Eistorten und Obstsalaten – was käme hier besser zur Verfeinerung in Frage als ein Obstbrand?

Die eigentliche Jahreszeit der Obstbrände aber kommt, wenn die Tage kürzer und kühler werden, wenn die letzten Früchte des Sommers geerntet sind und der Winzer zur Lese rüstet. Wer noch selbst Kompott oder Gelee kocht, wird dies nun tun, ambitionierte Köche aus Leidenschaft oder Profession dagegen haben anderes im Sinn – für sie beginnt die Wildsaison mit Federvieh: Fasane, Tauben, Wachteln, Wildenten und Rebhühner stehen auf Speisenkarten oder dem privaten Speisezettel, und mit ihnen kommen die noch von der Erinnerung an sommerliche Genüsse geprägten Zubereitungsarten. Nicht nur im Elsaß könnte ein derartiges Menü wie folgt aussehen:

Herbstlicher Salat mit Ente und Birnen

1 Entenbrust, entbeint
400 Gramm Feldsalat
2 Williams-Christ-Birnen
Williams-Birnen-Brand
8 EL Traubenkernöl
5 EL milder Rotweinessig
5 EL Hühnerbrühe
Butter, Salz, Pfeffer, Zucker

Teller mit dem Salat auslegen. Birnen schälen und in Spalten schneiden. In einer Pfanne die Entenbrust in Butter knusprig braun braten, herausnehmen, salzen, pfeffern und zum Nachziehen warm stellen. Etwas Butter und Entenfett abgießen, Birnenspalten bei milder Hitze in der Pfanne weichbraten. Zucker auf die Birnenspalten streuen und unter Schütteln leicht karamelisieren lassen. Mit Birnenbrand flambieren, mit Rotweinessig und Hühnerbrühe ablöschen und kurz aufkochen lassen. Entenbrust in dünne Scheiben schneiden und mit den Birnen auf dem Salat anrichten. Den Bratfond mit Traubenkernöl verrühren, mit Pfeffer und Salz abschmecken und über den Salat geben.

Taube mit roter Früchtesenf-Sauce

4 Tauben
10 cl trockener Rotwein
40 cl Geflügelfond
1 EL Johannisbeergelee
1 EL Himbeeressig
1 TL mittelscharfer Senf
Johannisbeerbrand oder Himbeergeist
Butter, Pfeffer, Salz

Die gewaschenen Tauben pfeffern und salzen. Rotwein und Brühe erhitzen. In einem Bräter die Butter aufschäumen lassen, die Tauben rundherum anbraten und mit Rotwein und Brühe ablöschen. 15 Minuten bei 200 Grad im Backofen fertigbraten. Tauben warmstellen, den Saucenfond auf 1/5 Liter einkochen, mit Johannisbeergelee, Senf und Essig verrühren und mit dem Obstbrand aromatisieren.

Elsässer Zwetschgenparfait

150 Gramm Zwetschgenmark
150 Gramm feiner Zucker
4 Eigelb
¼ Liter Sahne
Quetsch d'Alsace

Zwetschgenmark und Zucker kochen, bis sich eine sirupartige Masse bildet. Etwas abkühlen lassen, dann mit dem Eigelb schaumig schlagen. Auskühlen lassen, mit Quetsch aromatisieren und die geschlagene Sahne vorsichtig unterheben. Parfait in eine Glasschale füllen und sechs Stunden gefrieren lassen. Mit einem Löffel Nocken abstechen und servieren.

Harmonie nach dem Essen: der passende Digestif zum Dessert

Im Spätherbst ist die Zeit für Schwarzwild gekommen, das hervorragend mit Saucen auf Wacholderbrandbasis harmoniert. Jetzt wächst die Lust auf herrliche Desserts, auf Cassiscremes, Birnenparfaits, Quarkmousses auf Schwarzwälder Kirschspiegel ... Unbegrenzte Möglichkeiten für Hobby-Pâtissiers, die es sich auch nicht nehmen lassen werden, ihren Weihnachtsplätzchen mit kandierten Früchten und einem Schuß flüssigem Obst ein Sahnehäubchen extra aufzusetzen. Guten Appetit!

Obstbrände in der Bar

In der Welt der Cocktails spielen Obstbrände – im Gegensatz zu anderen Spirituosengattungen, wie etwa Rum, Whisk(e)y oder Gin – kaum eine Rolle, obwohl sie sich von ihrer Aromakraft her als Mixbasis geradezu anbieten. Vielleicht kann man es als eine Art Verbeugung vor den edlen Bränden sehen, daß Barkeeper selten dazu greifen: Pur, in ihrer reinsten, unverfälschten Form sind die flüssigen Früchte halt am Besten – so mancher Obstbrandfreund würde sich denn auch mit Grausen abwenden, wollte man seinen geliebten Hochprozenter »verwässern« oder anderweitig verfälschen ...
Dennoch hat immerhin ein Obstwasser in einen Dry-Cocktail Einzug gehalten, der zu den 50 »World's Cocktails« der International Bartenders Association (IBA) gehört und in jeder soliden American Bar rund um den Globus zu haben ist:

Rose

$^2/_3$ Vermouth Dry
$^1/_3$ Kirschwasser
halber BL (Barlöffel) Rosensirup
Im Mixglas auf Eiswürfeln kurz rühren und in eine Cocktailschale (oder Kelch) abseihen, mit Cocktailkirsche garnieren.
Trotz oder gerade wegen der geringen Repräsentanz von Obstbränden unter den »Weltcocktails« haben wir uns einmal bei Barkeepern umgehört – und so doch noch einige Rezepte zutage gefördert, die das Mix-Potential von Obstbränden zumindest andeuten.

Wenn schon mit Obstbränden gemixt wird, dann gehört Kirschwasser eindeutig zu den Favoriten der Barkeeper, wie die folgenden Rezepturen zeigen:

KIRSCH MINT

1/2 Kirschwasser
1/2 Crème de Menthe weiß
Im Shaker auf Eis schütteln und in gekühlte Cocktailschale abseihen.

AZZURRO

4 BL Kirschwasser
2 BL Williams-Birnenbrand
2 BL Blue Curaçao
Auf Eis rühren und abseihen.

BLACK JACK

2 cl Brandy
2 cl Kirschwasser
1 Tasse kalter Kaffee
Zucker
Auf Eis rühren und abseihen.

Die folgende Kirschvariation ist eine Eigenkreation des bekannten Münchner Star-Mixers Charles Schumann aus dem Jahr 1983:

CARL JOSEF

2 cl Kirschwasser
1 cl Kirschlikör
Champagner
Im Rührglas auf viel Eiswürfeln Kirschwasser und Kirschlikör verrühren, in Champagnerkelch abseihen, mit Champagner auffüllen.

Neben Kirschen haben immer wieder Himbeeren die Phantasie der Mix-Künstler inspiriert:

HIMBEER-SOUR

5 cl Himbeergeist
1 cl Maraschino
Saft einer halben Zitrone
Im Shaker auf Eis schütteln und in Cocktailschale abseihen.

GREEN VALLEY

2 cl Himbeergeist
4 cl Blue Curaçao
2 Spritzer Galliano
Saft einer halben Zitrone

Mit zwei Eiswürfeln in ein Longdrinkglas geben, umrühren und nach Belieben mit frischen Früchten der Saison garnieren.

HIMBEER-MARTINI

1 cl Himbeergeist
4 cl Vermouth Bianco Martini
2 Tropfen Angostura
Im Mixglas auf Eis rühren und in eine Cocktailschale abseihen, darüber ein Stück Zitrone ausdrücken.

FRAGOLIN

2 Spritzer Himbeergeist
1 BL Erdbeersirup
Champagner
Himbeergeist und Sirup in ein Sektglas geben, umrühren und mit gut gekühltem Champagner auffüllen. Mit (Wald-)Erdbeeren und/oder Himbeeren garnieren.

Neben Kirschen und Himbeeren können selbstverständlich auch andere Sorten eine stabile Basis für einen fruchtigen Cocktail bieten, wie etwa in diesem Hochprozenter:

WILLIAMS POUSSE

3 BL Himbeersirup
2 BL Cherry Brandy

1 BL süßen Magenbitter
6 BL Williams-Birnenbrand
Sirup, Cherry Brandy und Magenbitter mischen und in ein Longdrinkglas geben; den Williams langsam über einen Löffelrücken auf diese Mixtur fließen lassen – so entsteht ein zweifarbiger, sogenannter »Pousse-Café«: unten rot, oben weiß.

Eigentlich erstaunlich, daß nur wenige Barkeeper mit Obstwässern kreativ geworden sind und daß es im Grunde kein Obstbrand-Cocktail zum berühmten, omnipräsenten Klassiker an den Bartresen dieser Welt bringen konnte. Ein weites Feld also, das sich zu beackern lohnt – warum nicht einmal selbst die Phantasie spielen lassen, auf der Suche nach dem ganz persönlichen Haus-Cocktail? Übrigens: Unserer Erfahrung nach ergeben Obstbrände – oder darauf basierende Mischungen – mit Sekt oder Champagner aufgegossen fast immer ein ansprechendes Ergebnis. Auch Juleps, also Cocktails mit Minzeblättern, lassen sich auf der Basis von Obstbränden oft gut variieren … Viel Erfolg!

Glossar

Abfindungsbrenner: Kleinbrenner, die jährlich bis zu 300 Liter reinen Alkohols in einer Brennblase von maximal 150 Liter Fassungsvermögen destillieren dürfen

Abricot: Französisch für Aprikose

Acquavite d'Uva: Grappa-verwandte italienische Spirituosengattung, die nicht aus Traubentrestern, sondern aus den ganzen Trauben destilliert wird

Alambic: Diskontinuierlich arbeitende Brennblase aus Kupfer; die Maische wird hierin entweder direkt, durch Dampfeinleitung oder im doppelwandigen Wasserbadkessel erhitzt

Alisier: Französisch für Elsbeere, Maulbeere

Altersprädikat für Obstbrände: Bei Obstbränden verlangt die Bezeichnung »alt« eine Mindestlagerzeit von einem Jahr und setzt voraus, daß es sich um höherwertige Destillate handelt

Appellation: Gesetzlich geregelte Herkunftsbezeichnung (damit verbunden die Herstellungsmethode) in Frankreich

Ausbeute: Aus der Rohware erzielte Alkoholmenge, die vom Fruchtzuckergehalt des Obstes abhängt

Barack: Ungarisch für Destillat

Beerenobst: Brombeeren, Erdbeeren, Heidelbeeren, Himbeeren, Johannisbeeren, Vogelbeeren

Brände: Übliche Bezeichnung für Obstdestillate (außer Obstgeiste); Steinobstbrände dürfen auch als »Wasser« bezeichnet werden, z. B. Kirschwasser; vgl. Branntwein, Geiste, Wässer

Branntwein: Vormals Oberbegriff für Spirituosen aller Art (außer Likören); in der EU offziell nur noch für Destillate aus Wein

Brenngut: Zur Destillation bestimmte Rohware

Cassis: Französisch für schwarze Johannisbeere

Chriesiwässerli: Schweizerisch/Alemannisch für Kirschwasser

Coing: Französisch oder schweizerisch für Quitte

Cuvée: Ausdruck aus der Terminologie der Weinherstellung, der eine Mischung aus verschiedenen Bestandteilen zu einem harmonischen Ganzen bezeichnet; siehe auch Verschnitt

Destillation: Verfahren zur Extraktion von Alkohol, das auf den unterschiedlichen Siedepunkten von Wasser und Alkohol basiert

Digestif: Verdauungsfördernde Spirituose nach dem Essen

Eau-de-vie: Französisch »Lebenswasser«, allg. Oberbegriff für Spirituosen

Feinbrand: Vorgang bzw. Resultat des zweiten Brenndurchlaufs (nochmaliges Destillieren des sog. Rauhbrandes) bei der Doppeldestillation

Fermentation: siehe Gärung

Framboise: Französisch für Himbeere

Gärung: Beim Maischen die hefeunterstützte Umwandlung von Zucker in Alkohol und Kohlendioxid (= Fermentation)

Geiste: Obstbrände, deren Rohstoffe (meist Beeren) wegen zu geringen Zuckergehalts vor der Destillation in Neutralsprit eingelegt (»mazerisiert«) werden, um die Aromastoffe zu extrahieren

Geistblase: Brennanlage zur Destillation von Geisten

Grappa: Italienische Spirituose aus Traubentrestern; zu unterscheiden von Bränden aus ganzen Trauben, die als Acquavite d'Uve bezeichnet werden

Holler: Im südlichen deutschsprachigen Raum (v. a. Österreich) häufige Bezeichnung für Holunder

Jahrgangsbrand: Destillat aus Obst eines bestimmten Erntejahres

Kernobst: Äpfel, Birnen, Quitten

Maische: Breiige Obstmasse, die nach Abschluß der Vergärung zur Destillation kommt

Marille: Österreichisch für Aprikose

Mazeration: Einlegen von Obst mit geringem Zuckergehalt in Neutralsprit, um Aromastoffe zu extrahieren; Geiste definieren sich durch diese der Destillation vorangehende Technik

Mittellauf: Von unerwünschten Inhaltsstoffen freier, mittlerer

Teil eines Brenndurchlaufs; der unreine Vor- bzw. Nachlauf wird abgeschieden

Nachlauf: Der Schluß eines Brenndurchlaufs zeichnet sich durch abnehmenden Alkoholgehalt und zunehmende Unreinheiten aus und wird daher vom Mittellauf getrennt

Neutralalkohol, Neutralsprit: Hochprozentiger (mindestens 96%) und neutral schmeckender Alkohol (Äthylalkohol) aus unterschiedlichen landwirtschaftlichen Rohstoffen (z. B. Getreide), der zur Mazeration verwendet wird

Obstbrand: Oberbegriff für Obstbrände, -wässer und -geiste

Obstbranntwein: Frühere Bezeichnung für Obstbrand

Obstler: Brand aus Äpfeln und Birnen

Pálinka: Ungarisch für Aprikose

Pêche: Französisch für Pfirsich

Pflümli: Schweizerisch/Alemannisch für Pflaume

Poire Williams: Williams-Christ-Birne

Prune: Französisch für Pflaume

Prunelle: Französisch für Schlehe

Quetsch: Elsässisch für Zwetschge, Zwetschgenwasser

Rauhbrand: Vorgang bzw. Resultat des ersten Brenndurchlaufs bei der doppelten Destillation; erst bei nochmaligem Brennen wird aus dem Rauhbrand ein Feinbrand

Rektifikation: Destillation im Kolonnenbrennapparat; die Maische wird über Dampf erhitzt, wobei der Alkohol mit dem Dampf in die mit Siebblechen in einzelne Kammern geteilte, auch Rektifikator genannte Kolonne geleitet wird; dabei lassen sich Vor- und Nachlauf in einem Arbeitsgang sauber vom Herzstück des Brandes abtrennen

Reifung: Harmonisieren eines Destillats in Glas, Edelstahl, Ton oder Holz bis zum gewünschten Reifegrad

Sprit: siehe Neutralalkohol

Steinobst: Aprikosen, Kirschen, Mirabellen, Pfirsiche, Pflaumen/Zwetschgen

Stoffbesitzer: Obstbesitzer ohne eigenes Brennrecht, die bis zu 50 Liter reinen Alkohols pro Jahr in einer Lohnbrennerei destillieren lassen

Trester: Bei Wein- und Mostherstellung anfallende ausgepreßte Rückstände (Schalen etc.); ein Obsttresterbrand wird nicht aus der ganzen Frucht, sondern aus den Rückständen nach dem Saftabpressen destilliert

Trinkstärke: Alkoholgehalt, auf den ein hochprozentiges Destillat vor der Flaschenabfüllung herabgesetzt wird (meist mit entmineralisiertem Wasser)

Verschlußbrenner: Destillerie, deren Brenn- und Lagerräume »unter Zollverschluß« stehen (Plomben) und deren Produktionsmengen meßtechnisch erfaßt werden, um eine korrekte Besteuerung sicherzustellen

Verschnitt: Mischen von Destillaten aus verschiedenen Brenndurchläufen, Sorten und/oder Jahrgängen, um die von Jahr zu Jahr auftretenden Qualitätsunterschiede auszugleichen und ein harmonisches und konstantes Geschmacksbild zu erzielen

Vorlauf: Der erste Teil eines Brenndurchlaufs; er enthält unerwünschte unreine Inhaltsstoffe (z. B. Fuselöle, Methylalkohol) und wird abgeschieden, bis der reine Mittellauf beginnt

Valais: Schweizer Kanton Wallis

Wässer: Brände, die aus eingemaischtem und vergorenem Steinobst destilliert werden; vgl. Geiste und Brände

Williams: Kurzwort für Williams-Christ-Birne und ihr Destillat

Zibarte: Vorwiegend im Schwarzwald vorkommende Wildpflaumenart (»Zibärtle«)

Zwetschge: Größere, länglich geformte Abart der Pflaume

Zwetschke: Österreichische Schreibweise der Zwetschge

Bezugsquellen

Die meisten Destillerien in diesem Guide sind »Entdeckungen« – Kleinbrenner, die nur kleine Mengen produzieren. Naturgemäß werden diese Destillate nicht in jedem Fall im Fachhandel flächendeckend distribuiert bzw., bei ausländischen Bränden, importiert. Wo möglich, haben wir für unsere Leser in Deutschland bei Bränden aus dem Ausland den Importeur ermittelt, der auf Anfrage gerne Fachhändler in Wohnortnähe nennt oder ein Angebot zum Bezug auf dem Versandweg unterbreitet.
In den anderen Fällen bitten wir unseren deutschen Leser ebenso wie die Schweizer, Elsässer oder österreichischen Spirituosenfreunde, sich direkt an die angegebenen Erzeuger zu wenden, die Ihnen ggf. Anschriften ihrer Geschäftspartner im jeweiligen Land nennen oder aber ein Versandangebot unterbreiten werden.

Asbach GmbH & Co.
Am Rottland 2–10
65385 Rüdesheim/Rhein
NUSBAUMER

H. C. Assmussen
Am Redder 7
22941 Bargteheide
KÖNINGER

Bacardi Deutschland GmbH
Spitaler Str. 16
20095 Hamburg
ROUYER

Bavaria Import GmbH
Meisenweg 13
82152 Krailing
RONER

Borco-Marken-Import
Matthiesen GmbH & Co.
Winsbergring 14–22
22525 Hamburg
PASCALL, VALLALAT

Harald L. Bremer
Efeuweg 3
38104 Braunschweig
GIOVI

Alois Dallmayr KG
Dienerstraße 14/15
80331 München
COMTES EVEQUES,
GUTZLER,
MATTER-LUGINBÜHL,
POJER & SANDRI, VOGL

Eggers & Franke
Töferbohm 8
28195 Bremen
Mangilli, Psenner

EMG
Bolkerstraße 18
40313 Düsseldorf
Preiss

Frankhof Kellerei GmbH
Burgeffstraße 19
65239 Hochheim/
Rheingau
Beyer, Rütter, Studer

Rolf Herzberger
Am Felsbrunnen 8
66119 Saarbrücken
Confidentia, Grandial

Jacque's Weindepot
Bilker Allee 49
40219 Düsseldorf
Maucourt Thouarcé

Kammer-Kirsch GmbH
Hardtstraße 35–37
76185 Karlsruhe
Humbel

Stefan Macha
Weine und Feines
Rahmengasse 12
69129 Heidelberg
Bertagnolli, Hardouin,
Rovero, Villa de Varda

Monopole Markengetränke
Gustav-Heinemann-Str. 10
41564 Kaarst
Morand, Nonino

Rémy Deutschland GmbH
Söhnleinstraße 8
65201 Wiesbaden
Fassbind

Schlumberger KG
Buschstraße 25
53340 Meckenheim
Freihof, St. George
Spirits

A. Segnitz & Co. GmbH
Löwenhof
28844 Weyhe/Bremen
Etter

Manfred Springer
Kohlenstraße 81
34121 Kassel
Pircher

Veuve Clicquot Import GmbH
Taunusstraße 21
65183 Wiesbaden
Maschio

Viehauser Weinhandel
Martinistraße 11
20251 Hamburg
Gasser, Gölles

Pet. Weinbek
Hubert-Underberg-Allee 1
47493 Rheinberg
Bon Père, Dettling,
Val de Loire

Weinberger/Nikolaus Stark
Arnhofener Weg 18 b
93326 Abensberg
Capovilla, Malat

Weingut Schwarzer Adler
Franz und Fritz Keller
79235 Vogtsburg-Oberbergen
Meyer

Weinimport Hintringer
Tannenstraße 15
85640 Putzbrunn
Högler

Wein Wolf Import
Königswinterer Straße 552
53227 Bonn
Metté, Poli, Trimbach

Register

(Namen, Obstbrandsorten, Länder)

COLLECTION
ROLF HEYNE

GUIDES FÜR KENNER UND GENIESSER

Axel und Bibiana Behrendt
Grappa
240 Seiten
ISBN 3-453-08039-4

Michael Jackson
Malt Whisky
272 Seiten
ISBN 3-453-005925-5

Axel und Bibiana Behrendt
Cognac
232 Seiten
ISBN 3-453-09104-3

Heyne